The Tragedie of Macbeth
Die Macbeth Tragödie

D1735333

Steckels Shake-Speare

William Shakespeare

The Tragedie of Macbeth
Die Macbeth Tragödie

Titel: Glenn Goltz (Macbeth)
Theater Bremen, Spielzeit 2009/10
Regie Frank-Patrick Steckel
Foto Jörg Landsberg

Rückseite:
»Die Weltdummheit macht jede Arbeit
– außer an Shakespeare – unmöglich.«
Karl Kraus, Postskriptum zum letzten Brief
an Sidonie Nádherny vom 15./16.5.1936
aus: Karl Kraus, Briefe an Sidonie Nádherny von Borutin 1913-1936
Hg. von Friedrich Pfäfflin © Wallstein Verlag, Göttingen 2005
Reproduktion mit freundlicher Genehmigung
des Brenner-Archivs, Universität Innsbruck

Bühnenrechte beim Verlag der Autoren

© Verlag Uwe Laugwitz,
D-21244 Buchholz in der Nordheide, 2013

ISBN 9783-933077-32-5

Inhalt

The Tragedie of Macbeth

Die Macbeth Tragödie

Actus Primus.Scœna Prima.

Thunder and Lightning. Enter three Witches.

1. WHen shall we three meet againe?
   In Thunder, Lightning, or in Raine?
2. When the Hurley-burley's done,
   When the Battaile's lost, and wonne.
3. That will be ere the set of Sunne.
1. Where the place?
2. Vpon the Heath.
3. There to meet with *Macbeth*.

1. I come, *Gray-Malkin*.
All. *Padock* calls anon: faire is foule, and foule is faire,
   Houer through the fogge and filthie ayre.   *Exeunt.*

Scena Secunda.

Alarum within. Enter King Malcome, Donal-
baine, Lenox, with attendants, meeting
a bleeding Captaine.

King. What bloody man is that? he can report,
   As seemeth by his plight, of the Reuolt
   The newest state.
Mal. This is the Serieant,
   Who like a good and hardie Souldier fought
   'Gainst my Captiuitie: Haile braue friend;
   Say to the King, the knowledge of the Broyle,

HEXE 1 Wir drei, wann finden wir neu zusammen?
Wenn Regen fällt, Donner rollt, Blitze flammen?
HEXE 2 Wenn der Waffenwirrwarr schweigt
Wenn Verlust und Sieg sich zeigt.
HEXE 3 Das wird sein, eh der Tag sich neigt.
HEXE 1 Wo der Platz?
HEXE 2   Die Heide.
HEXE 3   Schön.
Dort soll auch Macbeth uns sehn.
HEXE 1 Komme, Graukatz!
HEXE 2   Unke ruft.
HEXE 3   Hinweg!
ALLE Bös ist brav und brav ist bös:
Fliegt durch Qualm und Kampfgetös.

2

DUNCAN Der Mann voll Blut, wer ist das? Wie er aussieht
Kann er den neusten Stand der Rebellion
Uns melden.
MALCOLM   Er ist es, der Hauptmann
Dessen Wagemut ich es verdanke
Daß ich nicht kriegsgefangen bin. – Mein Freund!
Sag hier dem König, wie's dem Aufruhr ging

As thou didst leaue it.

Cap. Doubtfull it stood,
　As two spent Swimmers, that doe cling together,
　And choake their Art: The mercilesse *Macdonwald*
　(Worthie to be a Rebell, for to that
　The multiplying Villanies of Nature
　Doe swarme vpon him) from the Westerne Isles
　Of Kernes and Gallowgrosses is supply'd,
　And Fortune on his damned Quarry smiling,
　Shew'd like a Rebells Whore: but all's too weake:
　For braue *Macbeth* (well hee deserues that Name)
　Disdayning Fortune, with his brandisht Steele,
　Which smoak'd with bloody execution
　(Like Valours Minion) caru'd out his passage,
　Till hee fac'd the Slaue:
　Which neu'r shooke hands, nor bad farwell to him,
　Till he vnseam'd him from the Naue toth' Chops,
　And fix'd his Head vpon our Battlements.

King. O valiant Cousin, worthy Gentleman.

Cap. As whence the Sunne 'gins his reflection,
　Shipwracking Stormes, and direfull Thunders:
　So from that Spring, whence comfort seem'd to come,
　Discomfort swells: Marke King of Scotland, marke,
　No sooner Iustice had, with Valour arm'd,
　Compell'd these skipping Kernes to trust their heeles,
　But the Norweyan Lord, surueying vantage,
　With furbusht Armes, and new supplyes of men,
　Began a fresh assault.

King. Dismay'd not this our Captaines, *Macbeth* and
　Banquoh?

Cap. Yes, as Sparrowes Eagles;
　Or the Hare, the Lyon:

Als du dich abziehn mußtest.

HAUPTMANN   Zweifelhaft
Stand es, wie wenn zwei erschöpfte Schwimmer
Klammern und erdrosseln ihren Sport.
Macdonwald ruchlos, ein Rebell, wie er
Im Buch steht weil das von Natur aus Böse
Ihn umschwärmt, hat von den Inseln westlich
An wüsten Iren und an Äxten Zustrom
Und Fortuna, dem verfluchten Schlachtfest lächelnd
Spielt die Rebellenbraut. Nur hilft das wenig
Denn Macbeth der Große (doch, den Titel
Hat er verdient) er haut – Wer ist Fortuna? –
Mit seinem Stahl, der raucht vom Blutgericht
Sich als des Kriegsgotts Liebling eine Schneise
Bis genau vor das Gesicht des Sauhunds
Und gibt die Hand ihm nicht, sagt nicht »Lebwohl« ihm
Den er vom Nabel bis zum Kiefer auftrennt
Und seinen Kopf auf unsre Schanzen pflanzt.

DUNCAN O tapfrer Vetter! Heldenhafter Mann!

HAUPTMANN Doch wie bei Sonnenaufgang schiffzerkleinernd
Auch Stürme schwellen und Gewitter brauen
Entsprang der Quelle, die heilkräftig schien
Neu Unheil. Höre, Schottlands König, höre:
Kaum trieb das Recht, mit Tapferkeit gewappnet
Die plumpen Iren vor sich her, als Norwegs
König, wähnend wir wär'n abgekämpft
Mit frischen Waffen und mit starkem Nachschub
Erneut angreift.

DUNCAN   Entmutigte das nicht
Macbeth und Banquo, Unsre Feldherrn?

HAUPTMANN   Ja
Wie Spatzen Adler oder Hasen Löwen.

11

If I say sooth, I must report they were
As Cannons ouer-charg'd with double Cracks,
So they doubly redoubled stroakes vpon the Foe:
Except they meant to bathe in reeking Wounds,
Or memorize another *Golgotha*,
I cannot tell: but I am faint,
My Gashes cry for helpe.

King. So well thy words become thee, as thy wounds,
They smack of Honor both: Goe get him Surgeons.

Enter Rosse and Angus.

Who comes here?

Mal. The worthy *Thane* of Rosse.

Lenox. What a haste lookes through his eyes?
So should he looke, that seemes to speake things strange.

Rosse. God saue the King.

King. Whence cam'st thou, worthy *Thane*?

Rosse. From Fiffe, great King,
Where the Norweyan Banners flowt the Skie,
And fanne our people cold.
Norway himselfe, with terrible numbers,
Assisted by that most disloyall Traytor,
The *Thane* of Cawdor, began a dismall Conflict,
Till that *Bellona's* Bridegroome, lapt in proofe,
Confronted him with selfe-comparisons,
Point against Point, rebellious Arme 'gainst Arme,
Curbing his lauish spirit: and to conclude,
The Victorie fell on vs.

King. Great happinesse.

Rosse. That now *Sweno*, the Norwayes King,
Craues composition:
Nor would we deigne him buriall of his men,
Till he disbursed, at Saint *Colmes* ynch,

Soll ich was wahr ist sagen, muß ich melden
Sie glichen Rohren mit 'ner Doppelladung
Gedoppelt doppelt auf den Feind abprotzend:
Außer um in Wunden sich zu baden
Oder uns an Golgatha zu mahnen
Wüßt ich nicht – doch Schwäche faßt mich, meine
Schrammen schrein um Hilfe.
DUNCAN Von Ehre sprechen Worte dir wie Wunden:
Geht, stützt ihn, er sei, als wär's ich, verbunden.

Wer kommt denn da?
MALCOLM   Der edle Than von Rosse.
LENOX Sein Blick hats eilig. Das sind Augen eines
Der Großes künden will.
ROSSE   Gott schütz den König!
DUNCAN Woher kommt Ihr, edler Than?
ROSSE   Von Fife
Mein großer König, wo uns Norwegs Banner
Die Luft peitscht und den Schotten Furcht zufächelt.
Norweg selbst mit kolossaler Mannschaft
Verstärkt von dem rebellischen Verräter
Dem Than von Cawdor, focht die grause Schlacht
Bis ihm Bellonas Bräutigam, gekleidet
In sein bewährtes Eisen, es vergalt
Ihm Hieb um Hieb, Helm an Rebellenhelm
Den Übermut zerschlug: ums kurz zu machen
Der Sieg fiel uns zu.
DUNCAN   Übergroßes Glück!
ROSSE So daß nun Sweno, Norwegs König, Frieden fleht
Und wir ihm das Begräbnis seiner Männer
Verweigern, bis er uns für seine Toten
Zehntausend Dollar Lösegeld bezahlt.

Ten thousand Dollars, to our generall vse.

King. No more that *Thane* of Cawdor shall deceiue
   Our Bosome interest: Goe pronounce his present death,
   And with his former Title greet *Macbeth.*

Rosse. Ile see it done.

King. What he hath lost, Noble *Macbeth* hath wonne.

                                          Exeunt.

                    Scena Tertia.

          Thunder. Enter the three Witches.

1. Where hast thou beene, Sister?
2. Killing Swine.
3. Sister, where thou?
1. A Saylors Wife had Chestnuts in her Lappe,
   And mouncht, & mouncht, and mouncht:
   Giue me, quoth I.
   Aroynt thee, Witch, the rumpe-fed Ronyon cryes.
   Her Husband's to Aleppo gone, Master o'th' *Tiger:*
   But in a Syue Ile thither sayle,
   And like a Rat without a tayle,
   Ile doe, Ile doe, and Ile doe.
2. Ile giue thee a Winde.
1. Th'art kinde.
3. And I another.
1. I my selfe haue all the other,
   And the very Ports they blow,
   All the Quarters that they know,
   I'th' Ship-mans Card.
   Ile dreyne him drie as Hay:
   Sleepe shall neyther Night nor Day
   Hang vpon his Pent-house Lid:

DUNCAN Die Schlange Cawdor reiß ich von der Brust mir.
    Geht kündigt seine Hinrichtung ihm an
    Und grüßt Macbeth mit seinem Titel dann.
ROSSE Das übernehme ich.
DUNCAN Was er verlor, Macbeth erwarb es sich.

3

HEXE 1 Was triebst du, Schwester?
HEXE 2 Schweine verpesten.
HEXE 1 Und, Schwester, du?
HEXE 3 Ein Seemannsweib, den Schoß voll Eßkastanien
    Mampft und mampft und mampft: »Gib mir«, sag ich
    »Hau ab, du Hexe!« schreit das fette Aas.
    Der Mann ist nach Aleppo, Käpt'n auf der ›Tiger‹
    Ich segle ihm im Teesieb hinterdrein
    Schleich mich als Ratte Schwanzlos bei ihm ein
    Ich tus, ich tus und tus.

HEXE 1 Ich furz dir'n Wind.
HEXE 3 Schönen Dank auch, Kind.
HEXE 2 Und ich noch einen.
HEXE 3 Für den Rest hab ich die meinen.
    Sie soll'n ihn aus den Häfen wehn
    Daß er nicht an Land kann gehn
    Nur auf der Seemannskarte.
    Werde ihn strohtrocken dörren
    Soll nach Schlafes Labsal plärren
    Die ihm's Liddach niederdrückt

He shall liue a man forbid:
Wearie Seu'nights, nine times nine,
Shall he dwindle, peake, and pine:
Though his Barke cannot be lost,
Yet it shall be Tempest-tost.
Looke what I haue.

2. Shew me, shew me.

1. Here I haue a Pilots Thumbe,
Wrackt, as homeward he did come.   *Drum within.*

3. A Drumme, a Drumme:
Macbeth doth come.

All. The weyward Sisters, hand in hand,
Posters of the Sea and Land,
Thus doe goe, about, about,
Thrice to thine, and thrice to mine,
And thrice againe, to make vp nine.
Peace, the Charme's wound vp.

Enter Macbeth and Banquo.

Macb. So foule and faire a day I haue not seene.

Banquo. How farre is't call'd to Soris? What are these,
So wither'd, and so wilde in their attyre,
That looke not like th' Inhabitants o'th' Earth,
And yet are on't? Liue you, or are you aught
That man may question? you seeme to vnderstand me,
By each at once her choppie finger laying
Vpon her skinnie Lips: you should be Women,
And yet your Beards forbid me to interprete
That you are so.

Mac. Speake if you can: what are you?

1. All haile *Macbeth*, haile to thee *Thane* of Glamis.

2. All haile *Macbeth*, haile to thee *Thane* of Cawdor.

3. All haile *Macbeth*, that shalt be King hereafter.

Gelten soll er als verrückt
Nach neun mal neun mal sieben Nächten
Wo ihn Angst und Fieber schwächten.
Ist sein Kahn auch unversenkbar
Ist er doch durch Wetter kränkbar.
Seht was ich hab.

HEXEN 1+2   Zeig her, zeig her!

HEXE 3 Der Daumen von 'nem Rudergast
Zerschellt als er daheim war fast.

HEXE 1 Die Trommel hört! Die Trommel hört!
Die Macbeth uns her beschwört.

ALLE Die schlimmen Schwestern, Hand in Hand
Fliegen über Meer und Land
Tanzen so im Rund, im Rund:
Drei für dich und drei für mich
Und nochmal drei hat neun für sich.
Still! – Der Zauber wirkt.

MACBETH Kein braver Tag kam mir zugleich so bös vor.

BANQUO Führt uns der Weg nach Forres? Wer sind die
So leichenhaft und so ganz wüst von Ansehn
Sie wirken wie Bewohner nicht der Erde
Und sind doch auf ihr? Lebt ihr, oder seid ihr
Nichts, was man fragen darf? 's scheint, ihr versteht mich
Denn jede hebt sogleich den dürren Finger
An ihre Runzellippen: Weibern gleicht ihr
Doch euer Bartwuchs untersagt zu glauben
Daß ihr das seid.

MACBETH   Sprecht, wenn ihr könnt: was seid ihr?

HEXE 1 Heil dir, Macbeth! Heil dir, Than von Glamis!

HEXE 2 Heil dir, Macbeth! Heil dir, Than von Cawdor!

HEXE 3 Heil dir, Macbeth, der hiernach König sein wird!

Banq. Good Sir, why doe you start, and seeme to feare
Things that doe sound so faire? i'th' name of truth
Are ye fantasticall, or that indeed
Which outwardly ye shew? My Noble Partner
You greet with present Grace, and great prediction
Of Noble hauing, and of Royall hope,
That he seemes wrapt withall: to me you speake not.
If you can looke into the Seedes of Time,
And say, which Graine will grow, and which will not,
Speake then to me, who neyther begge, nor feare
Your fauors, nor your hate.

1. Hayle.
2. Hayle.
3. Hayle.
1. Lesser then *Macbeth*, and greater.
2. Not so happy, yet much happyer.
3. Thou shalt get Kings, though thou be none:
So all haile *Macbeth*, and *Banquo.*
1. *Banquo*, and *Macbeth*, all haile.

Macb. Stay you imperfect Speakers, tell me more:
By *Sinells* death, I know I am *Thane* of Glamis,
But how, of Cawdor? the *Thane* of Cawdor liues
A prosperous Gentleman: And to be King,
Stands not within the prospect of beleefe,
No more then to be Cawdor. Say from whence
You owe this strange Intelligence, or why
Vpon this blasted Heath you stop our way
With such Prophetique greeting?
Speake, I charge you. *Witches vanish.*

Banq. The Earth hath bubbles, as the Water ha's,
And these are of them: whither are they vanish'd?

Macb. Into the Ayre: and what seem'd corporall,

BANQUO Guter Sir, Ihr weicht zurück, beunruhigt
Euch das, was doch ganz brav klingt? Bei der Wahrheit
Seid ihr Gespenster oder wirklich das
Was ihr da herzeigt? Meinen edlen Partner
Grüßt ihr mit Rang und Namen, sagt vorher
Ihm was von Aufstieg und von Königswürde
Daß er hin und weg ist! Ich hör nichts.
Könnt ihr der Saat der Zeit ins Innre sehn
Und sagen, dies Korn keimt und jenes nicht
Sprecht auch zu mir, der weder eure Gunst
Noch euren Zorn erbittet oder fürchtet.
HEXE 1 Heil dir!
HEXE 2 Heil dir!
HEXE 3 Heil dir!
HEXE 1 Tiefer als Macbeth und höher.
HEXE 2 Nicht so froh und doch weit froher.
HEXE 3 Zeugst Könige und bist selbst keiner:
Alles Heil drum für Macbeth und Banquo!
ALLE Für Banquo und Macbeth drum alles Heil!
MACBETH Bleibt, ihr, die sprecht und nicht sprecht, sagt
Erbfolge machte mich zum Than von Glamis [mir mehr.
Doch wie von Cawdor? Cawdor ist am Leben
Ein großmächtiger Herr, und König werden
Liegt kaum mehr im Bereich des Möglichen
Als Cawdor werden. Sagt, wem dankt ihr
Dies verrückte Wissen? Oder weshalb
Ihr uns auf öder Heide bremst mit so
Prophet'schem Gruß? Sprecht, ich befehl es euch.

BANQUO Blasen wirft die Erde wie das Wasser
Und so was war'n die. Wohin sind sie jetzt?
MACBETH Ab in die Luft und alles Körperhafte

Melted, as breath into the Winde.
Would they had stay'd.

Banq. Were such things here, as we doe speake about?
Or haue we eaten on the insane Root,
That takes the Reason Prisoner?

Macb. Your Children shall be Kings.

Banq. You shall be King.

Macb. And *Thane* of Cawdor too: went it not so?

Banq. Toth' selfe-same tune and words: who's here?

Enter Rosse and Angus.

Rosse. The King hath happily receiu'd, *Macbeth*,
The newes of thy successe: and when he reades
Thy personall Venture in the Rebels fight,
His Wonders and his Prayses doe contend,
Which should be thine, or his: silenc'd with that,
In viewing o're the rest o'th' selfe-same day,
He findes thee in the stout Norweyan Rankes,
Nothing afeard of what thy selfe didst make
Strange Images of death, as thick as Tale
Can post with post, and euery one did beare
Thy prayses in his Kingdomes great defence,
And powr'd them downe before him.

Ang. Wee are sent,
To giue thee from our Royall Master thanks,
Onely to harrold thee into his sight,
Not pay thee.

Rosse. And for an earnest of a greater Honor,
He bad me, from him, call thee *Thane* of Cawdor:
In which addition, haile most worthy *Thane*,
For it is thine.

Banq. What, can the Deuill speake true?

Macb. The *Thane* of Cawdor liues:

Verging im Wind wie Atem. Wär'n sie da!

BANQUO Gab es das, worüber wir hier reden
   Oder kauten wir die üble Wurzel
   Die den Verstand gefangen nimmt?
MACBETH Eure Kinder Könige.
BANQUO   Ihr König.
MACBETH Und Than von Cawdor auch, klang es nicht so?
BANQUO Sowohl dem Ton nach als dem Text. Wer da?

ROSSE Der König nahm sehr froh, Macbeth, die Nachricht
   Deines Siegs auf, und als er erfuhr
   Was gegen die Rebellen du persönlich
   Gewagt hast, war'n sein Lob und Staunen uneins
   Was dir gehört, was ihm: getrost verfolgend
   Von höh'rem Standpunkt aus den weitern Tag
   Gewahrt er dich in Norwegs wilden Schlachtreihn
   Furchtlos bei dem, was du da selber schufst
   Schaubilder, nie gesehene, des Todes.
   Rapport traf auf Rapport ein, hageldicht
   Und goß vor ihm dein Teil aus an der Rettung
   Seiner Krone.
ANGUS   Wir sind abgesandt
   Vom königlichen Herrn dir Dank zu sagen:
   Nur um dich vor sein Auge zu geleiten
   Nicht um dich zu entlohnen.
ROSSE Und als ein Handgeld für noch größre Ehre
   Bat er mich, Than von Cawdor dich zu nennen
   Mit diesem Titel: Heil dir, edler Than
   Denn er ist dein.
BANQUO   Wie! Spricht der Teufel Wahrheit?
MACBETH Der Than von Cawdor lebt: was kleidet Ihr mich

Why doe you dresse me in borrowed Robes?

Ang. Who was the *Thane*, liues yet,
But vnder heauie Iudgement beares that Life,
Which he deserues to loose.
Whether he was combin'd with those of Norway,
Or did lyne the Rebell with hidden helpe,
And vantage; or that with both he labour'd
In his Countreyes wracke, I know not:
But Treasons Capitall, confess'd, and prou'd,
Haue ouerthrowne him.

Macb. Glamys, and *Thane* of Cawdor:
The greatest is behinde. Thankes for your paines.
Doe you not hope your Children shall be Kings,
When those that gaue the *Thane* of Cawdor to me,
Promis'd no lesse to them.

Banq. That trusted home,
Might yet enkindle you vnto the Crowne,
Besides the *Thane* of Cawdor. But 'tis strange:
And oftentimes, to winne vs to our harme,
The Instruments of Darknesse tell vs Truths,
Winne vs with honest Trifles, to betray's
In deepest consequence.
Cousins, a word, I pray you.

Macb. Two Truths are told,
As happy Prologues to the swelling Act
Of the Imperiall Theame. I thanke you Gentlemen:
This supernaturall solliciting
Cannot be ill; cannot be good.
If ill? why hath it giuen me earnest of successe,
Commencing in a Truth? I am *Thane* of Cawdor.

In geborgte Robe?

ANGUS   Er, der Than war
Lebt, doch nur zum Block schleppt er sein Leben
Das zu verlieren er verdient. Ob er
Mit Norwegen paktierte oder aber
Den Rebellen heimlich half durch Waffen
Oder Söldner oder gar mit beidem
Am Schiffbruch seines Landes werkte, ist
Mir unbekannt. Doch Hochverrat, gestanden
Und bewiesen stürzte ihn.

MACBETH   Von Glamis Than
Und Than von Cawdor nun: das Beste kommt noch.
Dank für Eure Müh'n. – Erhofft Ihr nicht
Die Krone Euren Kindern, wo doch sie
Die mir den Than von Cawdor gaben, ihnen
Nicht weniger versprachen?

BANQUO   Traut Ihr denen
Kann sein, daß Hunger wach wird nach der Krone
Im Than von Cawdor erst. Doch ist es seltsam
Und oftmals, um für unser Unglück uns
Zu heuern, sagt die Finsternis durch ihre
Werkzeuge uns Wahres, wirbt uns an
Mit ehrbaren Lappalien, um in letzter
Konsequenz uns übers Ohr zu haun.
Vettern, auf ein Wort.

MACBETH   Wird eins wahr, wird's
Auch zwei, als Glücksprologe zu dem Hauptakt
Des Königsdramas. – Dank Euch, Gentlemen. –
Unirdisch, wie das Ding mich überkam
Kann es nicht schlecht sein, kanns nicht gut sein:
Wenn schlecht, was gab's mir Handgeld für den Aufstieg
Und legt mit Wahrheit los? Bin Than von Cawdor:

If good? why doe I yeeld to that suggestion,
Whose horrid Image doth vnfixe my Heire,
And make my seated Heart knock at my Ribbes,
Against the vse of Nature? Present Feares
Are lesse then horrible Imaginings:
My Thought, whose Murther yet is but fantasticall,
Shakes so my single state of Man,
That Function is smother'd in surmise,
And nothing is, but what is not.

Banq. Looke how our Partner's rapt.

Macb. If Chance will haue me King,
Why Chance may Crowne me,
Without my stirre.

Banq. New Honors come vpon him
Like our strange Garments, cleaue not to their mould,
But with the aid of vse.

Macb. Come what come may,
Time, and the Houre, runs through the roughest Day.

Banq. Worthy *Macbeth*, wee stay vpon your leysure.

Macb. Giue me your fauour:
My dull Braine was wrought with things forgotten.
Kinde Gentlemen, your paines are registred,
Where euery day I turne the Leafe,
To reade them.
Let vs toward the King: thinke vpon
What hath chanc'd: and at more time,
The *Interim* hauing weigh'd it, let vs speake
Our free Hearts each to other.

Banq. Very gladly.

Macb. Till then enough:
Come friends.   *Exeunt.*

Wenn gut, was ist's, das an mir zieht, wo doch
Das Höllenbild mein Haar gen Himmel richtet
Und macht, daß mir mein eingefleischtes Herz
Fremd an sein Gitter hämmert, unnatürlich?
Gekannte Furcht schreckt nicht wie vorgestellte.
Der Mord im Kopf schon macht den einen Mann
Der ich bin, derart uneins mit sich selbst
Daß Zukunft mir die Gegenwart lahm legt
Und nichts ist, als was nicht ist.
BANQUO Seht, wie's den Partner umtreibt.
MACBETH Will da was mich als König, soll es mich
    Krönen ohne mich.

BANQUO   Die neuen Ehren
    Muß er gleich neuen Schuh'n, soll'n sie nicht drücken
    Erst einlaufen.
MACBETH   Es komme was da will
    Die Zeit steht auch am schwersten Tag nicht still.
BANQUO Edler Macbeth, wir warten nur auf Euch.

MACBETH Pardon: mein dumpfes Schädelinnres rang
    Mit lang Vergess'nem. Freunde, Eure Mühen
    Sind da notiert, wo ich, um sie zu lesen
    Tagtäglich blättere. Nun auf zum König. –
    Überdenkt was vorfiel und wenn Zeit kommt
    Und Abstand alles abwog, woll'n wir offen
    Die Herzen sprechen lassen.

BANQUO   Nur zu gern.
MACBETH Bis dahin laßt es gut sein. – Freunde, kommt.

Scena Quarta.

Flourish. Enter King, Lenox, Malcolme,
Donalbaine, and Attendants.

King. Is execution done on *Cawdor*?
  Or not those in Commission yet return'd?
Mal. My Liege, they are not yet come back.
  But I haue spoke with one that saw him die:
  Who did report, that very frankly hee
  Confess'd his Treasons, implor'd your Highnesse Pardon,
  And set forth a deepe Repentance:
  Nothing in his Life became him,
  Like the leauing it. Hee dy'de,
  As one that had beene studied in his death,
  To throw away the dearest thing he ow'd,
  As 'twere a carelesse Trifle.
King. There's no Art,
  To finde the Mindes construction in the Face:
  He was a Gentleman, on whom I built
  An absolute Trust.
      Enter Macbeth, Banquo, Rosse, and Angus.
  O worthyest Cousin,
  The sinne of my Ingratitude euen now
  Was heauie on me. Thou art so farre before,
  That swiftest Wing of Recompence is slow,
  To ouertake thee. Would thou hadst lesse deseru'd,
  That the proportion both of thanks, and payment,
  Might haue beene mine: onely I haue left to say,
  More is thy due, then more then all can pay.
Macb. The seruice, and the loyaltie I owe,
  In doing it, payes it selfe.

4

DUNCAN Die Exekution Cawdors, fand sie statt?
   Oder bleibt die Kommission Uns aus?
MALCOLM Sie sind noch nicht zurück, doch sprach ich, Vater
   Wen der ihn sterben sah: der gab Bericht
   Daß er freimütig den Verrat bekannte
   Vergebung Eurer Hoheit sich erflehte
   Und tiefe Reue zeigte. Nichts im Leben
   Glückte ihm wie es zu lassen: er
   Starb, als wär er drauf studiert, im Tod
   Den teuersten Besitz von sich zu werfen
   Als wär's Talmi.

DUNCAN   Nicht erfunden hat man
   Die Kunst, was einer ist an ihm zu lesen:
   Das war ein Gentleman, auf den ich absolut
   Vertraute – O hochedler Vetter! Eben
   Liegt die Sünde meines Undanks schwer
   Auf mir. Dein Vorsprung ist so groß, daß auch
   Die schnellste Schwinge königlicher Gunst
   Zu träge ist um dich zu überholen:
   Wär dein Verdienst geringer, so daß ich
   Was ich dir danke und dir schulde noch
   Überschaute! So kann ich nur sagen
   Mein Alles reicht nicht, um das abzutragen.

MACBETH Kriegsdienst und Gefolgschaft, Euch geschuldet
   Belohnen ausgeübt sich selbst: Part Eurer Hoheit

Your Highnesse part, is to receiue our Duties:
And our Duties are to your Throne, and State,
Children, and Seruants; which doe but what they should,
By doing euery thing safe toward your Loue
And Honor.
King. Welcome hither:
I haue begun to plant thee, and will labour
To make thee full of growing. Noble *Banquo*,
That hast no lesse deseru'd, nor must be knowne
No lesse to haue done so: Let me enfold thee,
And hold thee to my Heart.
Banq. There if I grow,
The Haruest is your owne.
King. My plenteous Ioyes,
Wanton in fulnesse, seeke to hide themselues
In drops of sorrow. Sonnes, Kinsmen, *Thanes*,
And you whose places are the nearest, know,
We will establish our Estate vpon
Our eldest, *Malcolme*, whom we name hereafter,
The Prince of Cumberland: which Honor must
Not vnaccompanied, inuest him onely,
But signes of Noblenesse, like Starres, shall shine
On all deseruers. From hence to Envernes,
And binde vs further to you.

Macb. The Rest is Labor, which is not vs'd for you:
Ile be my selfe the Herbenger, and make ioyfull
The hearing of my Wife, with your approach:
So humbly take my leaue.
King. My worthy *Cawdor.*
Macb. The Prince of Cumberland: that is a step,
On which I must fall downe, or else o're-leape,

Ist es, unsre Pflichtschuld zu empfangen
Und unsre Pflichtschuld steht vor Eurem Thron
Gleich Kindern oder Knechten, die nichts tun
Als was man ihnen sagt und nicht für mehr
Als Eure Zuneigung und Gunst.

DUNCAN   Willkommen:
Ich pflanzte dich, und gärtnern werde ich
Damit du hochwächst. – Edler Banquo, der
Gleiches wohl verdient und ganz für Gleiches
Gepriesen sein wird, laß mich dich umarmen
Und an mein Herz dich drücken.

BANQUO   Reif ich da, so ist
Die Ernte Euer.

DUNCAN   Meine reichen Freuden
Suchen ihr Berauschtsein zu maskieren
Mit Kummertropfen. – Söhne, Vettern, Thans
Und ihr, die ihr am nächsten steht, wißt, wir
Setzen als den Erben Unsres Reiches
Ein Malcolm, unsern Ältesten, der hiermit
Zum Prinz von Cumberland erhoben wird
Welchen Rang er unbegleitet nicht
Bekleiden soll, denn hohe Zeichen werden
Wie Sterne denen strahlen, die es wert sind.
Nun auf nach Inverness, und Ihr wollt Euch
Uns weiterhin verbinden

MACBETH Mühsal ist die Muße, die nicht Euch dient:
Quartiermeister bin ich und will das Ohr
Der Gattin gleich mit Eurem Nahn erfreun
Erlaubt, mich zu entfernen.

DUNCAN   Edler Cawdor!

MACBETH Der Prinz von Cumberland! Das ist die Schlinge
Die fängt mich, wenn ich nicht darüber springe

For in my way it lyes. Starres hide your fires,
Let not Light see my black and deepe desires:
The Eye winke at the Hand; yet let that bee,
Which the Eye feares, when it is done to see.   *Exit.*
King. True, worthy *Banquo*: he is full so valiant,
And in his commendations, I am fed:
It is a Banquet to me. Let's after him,
Whose care is gone before, to bid vs welcome:
It is a peerelesse Kinsman.   *Flourish.*   *Exeunt.*

                    Scena Quinta.

        Enter Macbeths Wife alone with a Letter.

Lady. *They met me in the day of successe: and I haue*
   learn'd by the perfect'st report, they haue more in them, then
   mortall knowledge. When I burnt in desire to question them
   further, they made themselues Ayre, into which they vanish'd.
   Whiles I stood rapt in the wonder of it, came Missiues from
   the King, who all-hail'd me Thane of Cawdor, by which Title
   before, these weyward Sisters saluted me, and referr'd me to
   the comming on of time, with haile King that shalt be. This
   haue I thought good to deliuer thee (my dearest Partner of
   Greatnesse) that thou might'st not loose the dues of reioycing
   by being ignorant of what Greatnesse is promis'd thee. Lay
   it to thy heart, and farewell.
   Glamys thou art, and Cawdor, and shalt be
   What thou art promis'd: yet doe I feare thy Nature,
   It is too full o'th' Milke of humane kindnesse,
   To catch the neerest way. Thou would'st be great,
   Art not without Ambition, but without
   The illnesse should attend it. What thou would'st highly,

Im Weg wie sie mir liegt. Aus, Sternenlicht!
Fall mir auf meine schwarzen Wünsche nicht
Sei handblind, Auge, aber laß geschehn
Was, ists getan, das Auge schreckt zu sehn.
DUNCAN Wahrlich, Banquo, Heldengeist erfüllt ihn
Und wie er mich ehrt wird mir zu Nahrung
Ist wie ein Festmahl mir. Ihm nach, der sorglich
Voraus zog, uns Willkommen zu erbitten:
Das ist mir ein Lehnsmann.

5

LADY MACBETH *»Sie suchten mich am Tag des Siegs, und mich
lehren klarste Beweise: sie haben mehr in sich als sterbliches Wissen. Da ich darauf brannte, sie weiter auszuhorchen, machten sie
sich zu Luft, in der sie sich auflösten. Während ich noch ganz be-
nommen von dem Zauber dastand, kamen auch schon Abgesandte
des Königs, die ›Heil dir, Than von Cawdor‹ riefen – genau der
Titel, mit dem zuvor die Schicksalsschwestern mich begrüßt hatten
und mir verrieten, was die Zeit bringt mit ›Heil dir, König, der
du sein wirst!‹ Dies hielt ich für gut dir zu vertrauen, liebste Ge-
fährtin meiner Größe, damit dein Anspruch auf Frohlocken nicht
verkürzt wird, weil du nicht ahnst, welche Größe dir versprochen
ward. Birg es in deinem Herzen und leb wohl.«*
Glamis bist du, Cawdor auch, und sollst sein
Was dir verheißen wurde. – Nur, ich fürchte
Dein Wesen, das zu voll ist mit der Milch
Der Menschengüte für den kurzen Weg.
Groß wärst du gern, nicht Ehrgeiz fehlt dir, nur
Verschlagenheit, zur Größe nötig: was du

That would'st thou holily: would'st not play false,
And yet would'st wrongly winne.
Thould'st haue, great Glamys, that which cryes,
Thus thou must doe, if thou haue it;
And that which rather thou do'st feare to doe,
Then wishest should be vndone. High thee hither,
That I may powre my Spirits in thine Eare,
And chastise with the valour of my Tongue
All that impeides thee from the Golden Round,
Which Fate and Metaphysicall ayde doth seeme
To haue thee crown'd withall.   *Enter Messenger.*
What is your tidings?

Mess. The King comes here to Night.

Lady. Thou'rt mad to say it.
Is not thy Master with him? who, wer't so,
Would haue inform'd for preparation.

Mess. So please you, it is true: our *Thane* is comming:
One of my fellowes had the speed of him;
Who almost dead for breath, had scarcely more
Then would make vp his Message.

Lady. Giue him tending,
He brings great newes.   *Exit Messenger.*
The Rauen himselfe is hoarse,
That croakes the fatall entrance of Duncan
Vnder my Battlements. Come you Spirits,
That tend on mortall thoughts, vnsex me here,
And fill me from the Crowne to the Toe, top-full
Of direst Crueltie: make thick my blood,
Stop vp th' accesse, and passage to Remorse,
That no compunctious visitings of Nature
Shake my fell purpose, nor keepe peace betweene
Th' effect, and hit. Come to my Womans Brests,

Höchlich ersehnst, ersehnst du heiligmäßig
Scheust Falschspiel und schielst doch nach dem Gewinn
Du hättst gern, großer Glamis, daß die Beute
Selbst dir zuruft »Tu es, soll ich deins sein!«
Und so dir hilft zu tun, was du zwar fürchtest
Und doch nicht lassen möchtest ungetan.
Komm, daß ich meine Kraft ins Ohr dir träufle
Und mit mannhafter Zunge alles geißle
Was dich mir fernhält von dem Rund aus Gold
Mit dem durch Helfer aus dem Jenseits dich
Das Schicksal schon gekrönt hat. Was bringst du mir?

BOTE Der König kommt zur Nacht.
LADY MACBETH   Du redest irre.
　　Ist nicht dein Herr bei ihm? Der, wenns so wäre
　　Hätte längst uns vorgewarnt
BOTE Erlaubt, es ist so: unser Than kommt mit ihm;
　　Von den Meldern einer legte einen Ritt hin
　　Daß, als er absaß, ihm die Puste fehlte
　　Die Nachricht selbst zu bringen.
LADY MACBETH   Sorgt für ihn
　　Er brachte Großes. Selbst dem Raben, der
　　Duncans fatalen Einzug krächzen soll
　　Unter mein Dach, verschlägt's die Stimme. Her
　　Mit euch, Dämonen, die für Mordlust sorgen
　　Entweiblicht mich, und füllt mich von den Zehen
　　Bis unter's Haar randvoll mit Eiseskälte!
　　Verdickt das Blut mir, der Zerknirschung sperrt
　　Eintritt und Durchlaß, daß kein reuevoller
　　Besuch des Mitgefühls den bösen Vorsatz
　　Mir erschüttert, noch ihn friedlich wegführt
　　Von der Tat. An meine Brüste kommt

And take my Milke for Gall, you murth'ring Ministers,
Where-euer, in your sightlesse substances,
You wait on Natures Mischiefe. Come thick Night,
And pall thee in the dunnest smoake of Hell,
That my keene Knife see not the Wound it makes,
Nor Heauen peepe through the Blanket of the darke,
To cry, hold, hold.   *Enter Macbeth.*

Great Glamys, worthy Cawdor,
Greater then both, by the all-haile hereafter,
Thy Letters haue transported me beyond
This ignorant present, and I feele now
The future in the instant.
Macb. My dearest Loue,
Duncan comes here to Night.
Lady. And when goes hence?
Macb. To morrow, as he purposes.
Lady. O neuer,
Shall Sunne that Morrow see.
Your Face, my *Thane*, is as a Booke, where men
May reade strange matters, to beguile the time.
Looke like the time, beare welcome in your Eye,
Your Hand, your Tongue: looke like th' innocent flower,
But be the Serpent vnder't. He that's comming,
Must be prouided for: and you shall put
This Nights great Businesse into my dispatch,
Which shall to all our Nights, and Dayes to come,
Giue solely soueraigne sway, and Masterdome.
Macb. We will speake further.
Lady. Onely looke vp cleare:
To alter fauor, euer is to feare:
Leaue all the rest to me.   *Exeunt.*

Ihr Mörderhelfer, wo auch immer ihr
Die Welt verheert als sichtlose Substanzen
Und saugt aus meiner Milch euch Galle! Komm
Tiefe Nacht und hüll dich in den Rauch
Den dichtesten der Hölle, daß mein Messer
Den Schnitt nicht sehn kann, den es macht, der Himmel
Nicht durch des Dunkels Decke linst und schreit
»Halt, halt!«
          Mein großer Glamis, edler Cawdor
Mehr als beide hiernach durch den Heilgruß!
Deine Zeilen haben aus dem stumpfen
Heute mich gerissen, und ich schmecke
Im Jetzt die Zukunft.
MACBETH   Liebste, Duncan kommt
Zur Nacht zu uns.
LADY MACBETH   Und zieht wann wieder ab?
MACBETH Morgen, plant er.
LADY MACBETH   O! Nie soll die Sonne
Dies Morgen sehen! Dein Gesicht, mein Than
Ist wie ein Buch, drin einer krauses Zeug liest.
Schau zeitgemäß, willst du die Zeit betrügen
Im Auge, in der Hand und auf der Zunge
Trag nur Willkommen: spiel die Unschuldsblume
Und sei die Schlange, die darunter lauert.
Für ihn, der naht, will vorgesorgt sein. Mir
Übergib du das Geschäft der großen Nacht:
Sie wird all unsren Nächten, unsern Morgen
Genuß der Macht und Herrschgewalt besorgen.
MACBETH Wir sprechen noch darüber.
LADY MACBETH   Hell dich auf;
Wer furchtsam dreinsieht, ruft rasch Furcht herauf.
Den Rest laß mir.

Scena Sexta.

Hoboyes, and Torches. Enter King, Malcolme,
Donalbaine, Banquo, Lenox, Macduff,
Rosse, Angus, and Attendants.

King. This Castle hath a pleasant seat,
    The ayre nimbly and sweetly recommends it selfe
    Vnto our gentle sences.
Banq. This Guest of Summer,
    The Temple-haunting Barlet does approue,
    By his loued Mansonry, that the Heauens breath
    Smells wooingly here: no Iutty frieze,
    Buttrice, nor Coigne of Vantage, but this Bird
    Hath made his pendant Bed, and procreant Cradle,
    Where they must breed, and haunt: I haue obseru'd
    The ayre is delicate.   *Enter Lady.*
King. See, see, our honor'd Hostesse:
    The Loue that followes vs, sometime is our trouble,
    Which still we thanke as Loue. Herein I teach you,
    How you shall bid God-eyld vs for your paines,
    And thanke vs for your trouble.

Lady. All our seruice,
    In euery point twice done, and then done double,
    Were poore, and single Businesse, to contend
    Against those Honors deepe, and broad,
    Wherewith your Maiestie loades our House:
    For those of old, and the late Dignities,
    Heap'd vp to them, we rest your Ermites.
King. Where's the Thane of Cawdor?

6

DUNCAN Die Festung liegt schön, es empfiehlt die Luft
  Sich leicht und frisch den freundlicheren Sinnen.

BANQUO Der Sommergast, der Mauersegler, kirchturm-
  Siedelnd sonst, zeigt uns durch seinen Nestbau
  Daß hier der Himmelsatem lockend duftet:
  Kein Vorsprung, Sims, kein Bogen oder Balken
  Auf den der Vogel nicht sein Bett gesetzt hat
  Und seine Kinderstube: wo er baut
  Und brütet, habe ich gelernt, da ist
  Die Luft bekömmlich.
DUNCAN   Sieh da, Unsre Wirtsfrau.
  Die Liebe, die Uns nachfolgt, wird Uns manchmal
  Zu einer Bürde, für die wir gleichwohl
  Wie für Liebe danken. Dergestalt
  Lehre ich Euch beten »Gott, belohn uns
  Für Deine Mühen, und für deine Bürde
  Danke uns.«
LADY MACBETH Jedweder unsrer Dienste
  Zwiefach getan, und das dann doppelt, bliebe
  Ärmlich und klein, verglichen mit den Ehren
  So hoch und weit, die Ihr auf unser Haus legt:
  Schon für die frühern Würden und die jüngst
  Darauf gehäuften sind wir Eure Klausner.

DUNCAN Wo ist der Than von Cawdor? Wir verfolgten

We courst him at the heeles, and had a purpose
To be his Purueyor: But he rides well,
And his great Loue (sharpe as his Spurre) hath holp him
To his home before vs: Faire and Noble Hostesse
We are your guest to night.

La. Your Seruants euer,
Haue theirs, themselues, and what is theirs in compt,
To make their Audit at your Highnesse pleasure,
Still to returne your owne.

King. Giue me your hand:
Conduct me to mine Host we loue him highly,
And shall continue, our Graces towards him.
By your leaue Hostesse.   *Exeunt*

Scena Septima.

Ho-boyes. Torches.
Enter a Sewer, and diuers Seruants with Dishes and Seruice
ouer the Stage. Then enter Macbeth.

Macb. If it were done, when 'tis done, then 'twer well,
It were done quickly: If th' Assassination
Could trammell vp the Consequence, and catch
With his surcease, Successe: that but this blow
Might be the be all, and the end all. Heere,
But heere, vpon this Banke and Schoole of time,
Wee'ld iumpe the life to come. But in these Cases,
We still haue iudgement heere, that we but teach
Bloody Instructions, which being taught, returne
To plague th' Inuenter. This euen-handed Iustice

Commends th' Ingredience of our poyson'd Challice

Ihn Huf an Huf, den Herold ihm zu machen
Doch er sitzt gut zu Pferd, und Gattenliebe
Stachelnd wie sein Sporn, hat ihm vor Uns
Nach Haus geholfen. Wir, hochedle Wirtin
Sind Euer Gast zur Nacht.
LADY MACBETH   Wir, Eure Diener
    Haben, was wir sind und unser nennen
    Nur zur Verwahrung und erstatten es
    Wie Majestät es wünschen.
DUNCAN   Eure Hand;
    Führt mich zu meinem Gastgeber: ihn schätzen
    Wir hoch und werden weiter ihn erheben.
    Hausherrin, Ihr gestattet.

7

MACBETH Wär es getan, wenn es getan ist, dann
    Wär's gut, 's wär schnell getan: wenn unser Mordgarn
    Auch das Danach einfinge, und sein Fall
    Erfüllung fischte, daß der eine Stoß
    Der Anfang wäre und das Ende – hier
    Nur hier auf dieser harten Schulbank Zeit
    Uns würd ein Leben nach dem Tod nicht jucken.
    Doch werden wir in Fällen dieser Art
    Gerichtet hier schon; wir, die Blutlektionen
    Lehren, welche, kaum gelehrt, zurück
    Auf den Erfinder fall'n: Gerechtigkeit
    Mit ihrer Sucht nach Ausgleich setzt uns unsern

To our owne lips. Hee's heere in double trust;
First, as I am his Kinsman, and his Subiect,
Strong both against the Deed: Then, as his Host,
Who should against his Murtherer shut the doore,

Not beare the knife my selfe. Besides, this *Duncane*
Hath borne his Faculties so meeke; hath bin
So cleere in his great Office, that his Vertues
Will pleade like Angels, Trumpet-tongu'd against
The deepe damnation of his taking off:
And Pitty, like a naked New-borne-Babe,
Striding the blast, or Heauens Cherubin, hors'd
Vpon the sightlesse Curriors of the Ayre,
Shall blow the horrid deed in euery eye,
That teares shall drowne the winde. I haue no Spurre

To pricke the sides of my intent, but onely
Vaulting Ambition, which ore-leapes it selfe,
And falles on th' other.   *Enter Lady.*
How now? What Newes?
La. He has almost supt: why haue you left the chamber?
Mac. Hath he ask'd for me?
La. Know you not, he ha's?
Mac. We will proceed no further in this Businesse:
He hath Honour'd me of late, and I haue bought
Golden Opinions from all sorts of people,
Which would be worne now in their newest glosse,
Not cast aside so soone.
La. Was the hope drunke,
Wherein you drest your selfe? Hath it slept since?
And wakes it now to looke so greene, and pale,

Giftkelch an die eignen Lippen. Doppelt
Vertraut er hier: sein Vetter bin ich und
Sein Untertan, das hemmt die Tat zuerst;
Sodann bin nach dem Gastrecht ich es, der
Dem Mörder meine Tür verwehren müßte
Statt das Messer selbst zu halten. Ferner:
Dieser Duncan nutzte seine Macht
Verhalten, blieb auf seinem hohen Posten
Sauber, so daß seine Tugenden
Engeln gleich posaunenzüngig dem
Verdammnis künden, der ihn aus dem Spiel warf;
Und auf dem Schall kommt Mitleid angeflogen
Als ein nacktes Neugeborenes
Oder des Himmels Cherubine, reitend
Auf der Luft sichtlosen Rössern, blasen
Den Staub der Greueltat in jedes Auge
Bis der Wind vor Tränen abflaut. – Mir
Fehlt der Sporn, die Flanken meines Wunschgauls
Anzustacheln, nur mein Ehrgeiz springt
Mir hitzig in den Sattel und stürzt auf
Der andern Seite – Wie! Was gibt es denn?

LADY MACBETH Er ist beim Nachtisch. Warum standst du auf?

MACBETH Hat er nach mir gefragt?

LADY MACBETH   Was denkst denn du?

MACBETH Wir gehen nicht mehr weiter in der Sache:
Er hat mich grad befördert, ich erwarb mir
Von allen Seiten goldne Komplimente
Die woll'n im neuen Glanz getragen sein
Und nicht sofort verschrottet.

LADY MACBETH   War die Hoffnung
Betrunken, die du in den Arm nahmst? Schlief dann
Und schreckt nun hoch und stiert grünbleich auf das

At what it did so freely? From this time,
Such I account thy loue. Art thou affear'd
To be the same in thine owne Act, and Valour,
As thou art in desire? Would'st thou haue that
Which thou esteem'st the Ornament of Life,
And liue a Coward in thine owne Esteeme?
Letting I dare not, wait vpon I would,
Like the poore Cat i'th' Addage.

Macb. Prythee peace:
I dare do all that may become a man,
Who dares no more, is none.

La. What Beast was't then
That made you breake this enterprize to me?
When you durst do it, then you were a man:
And to be more then what you were, you would
Be so much more the man. Nor time, nor place
Did then adhere, and yet you would make both:
They haue made themselues, and that their fitnesse now
Do's vnmake you. I haue giuen Sucke, and know
How tender 'tis to loue the Babe that milkes me,
I would, while it was smyling in my Face,
Haue pluckt my Nipple from his Bonelesse Gummes,
And dasht the Braines out, had I so sworne
As you haue done to this.

Macb. If we should faile?

Lady. We faile?
But screw your courage to the sticking place,
And wee'le not fayle: when *Duncan* is asleepe,
(Whereto the rather shall his dayes hard Iourney
Soundly inuite him) his two Chamberlaines
Will I with Wine, and Wassell, so conuince,

Was sie so munter anfing? Ab jetzt weiß ich
Was deine Liebe wert ist. Fürchtest du
Der zu sein in deinem Tun und Machen
Der du im Begehren bist? Willst haben
Was du als höchsten Schmuck des Lebens ansiehst
Und leben und in dir den Feigling finden
Der auf »Ich will« »Ich wag's nicht« folgen läßt
Der magren Katze in dem Sprichwort gleich
Die Fisch will, aber keine nassen Pfoten?
MACBETH Ich bitt dich, schweig. Ich wage alles
Was einem Mann zu wagen ansteht; mehr
Wagt nur, wer keiner ist.
LADY MACBETH   Welch reißend Tier dann
Trieb dich, mir dies Beginnen zu entdecken?
Als du das tatest, da warst du ein Mann
Und mehr als der zu werden, der du warst
Bist du erst recht der Mann. Nicht Zeit noch Ort
Ging da zusammen, doch du wollst sie schaffen:
Nun schufen sie sich selbst, und wie sie passen
Schafft dich! Ich stillte, und ich weiß, wie süß
Es war, das Kind zu lieben, das mich molk:
Hätt ich so geschworen, wie du mir
In dieser Sache schwurst, ich pflückte ihm
Die Warze aus den knochenlosen Kiefern
Und schlüge ihm den Schädel ein.
MACBETH   Wenn es
Uns mißlingt?
LADY MACBETH   Mißlingt? Uns? Deinen Kriegsmut
Dreh bis zum Anschlag hoch und uns mißlingt nichts.
Wenn Duncan schläft, und schlafen wird er tief
Nach seines harten Tages Ritt, geh ich mit Wein
Und Schnaps die beiden Wachsoldaten so an

That Memorie, the Warder of the Braine,
Shall be a Fume, and the Receit of Reason
A Lymbeck onely: when in Swinish sleepe,
Their drenched Natures lyes as in a Death,
What cannot you and I performe vpon
Th' vnguarded *Duncan*? What not put vpon
His spungie Officers? who shall beare the guilt
Of our great quell.

Macb. Bring forth Men-Children onely:
For thy vndaunted Mettle should compose
Nothing but Males. Will it not be receiu'd,
When we haue mark'd with blood those sleepie two
Of his owne Chamber, and vs'd their very Daggers,
That they haue don't?

Lady. Who dares receiue it other,
As we shall make our Griefes and Clamor rore,
Vpon his Death?

Macb. I am settled, and bend vp
Each corporall Agent to this terrible Feat.
Away, and mock the time with fairest show,
False Face must hide what the false Heart doth know.

Exeunt.

I, vii, 76-97

Daß ihr Gedächtnis, Wärter ihres Hirns
Verdunstet, und die Schale der Vernunft
Zum Maßkrug wird. Wenn abgesoffen dann
Der Schweineschlaf sie holt als wär's der Tod
Was können du und ich nicht anstell'n mit
Dem unbewachten Duncan, was den trunknen
Bewachern nicht anhängen, die für unser
Schlachtfest einstehn soll'n?

MACBETH   Gebäre du
Nur Männerkinder, denn dein Stoff unschreckbar
Wird lauter Helden schaffen. Alle Welt
Wenn wir die beiden Schläfer blutig machen
Und ihre Dolche brauchten, glaubt doch, sie
Taten es.

LADY MACBETH Wer wagt es und glaubt andres
Wo wir mit Klagen und mit Wehgeschrei
Die Leiche ehren laut?

MACBETH   Ich bin soweit
Das Horrorkunststück spannt mir alle Sehnen.
Auf, täuschen wir die Zeit mit Frohsinnsfleiß:
Das Falschgesicht birgt, was das Falschherz weiß.

Actus Secundus. Scena Prima.

Enter Banquo, and Fleance, with a Torch
before him.

Banq. How goes the Night, Boy?

Fleance. The Moone is downe: I haue not heard the
Clock.

Banq. And she goes downe at Twelue.

Fleance. I take't, 'tis later, Sir.

Banq. Hold, take my Sword:
There's Husbandry in Heauen,
Their Candles are all out: take thee that too.
A heauie Summons lyes like Lead vpon me,
And yet I would not sleepe:
Mercifull Powers, restraine in me the cursed thoughts
That Nature giues way to in repose.
   Enter Macbeth, and a Seruant with a Torch.
Giue me my Sword: who's there?

Macb. A Friend.

Banq. What Sir, not yet at rest? the King's a bed.
He hath beene in vnusuall Pleasure,
And sent forth great Largesse to your Offices.
This Diamond he greetes your Wife withall,
By the name of most kind Hostesse,
And shut vp in measurelesse content.

Mac. Being vnprepar'd,
Our will became the seruant to defect,
Which else should free haue wrought.

Banq. All's well.

BANQUO Was macht die Nacht, mein Sohn?
FLEANCE   Der Mond ging unter;
   Ich hab die Glocke nicht gehört.
BANQUO   Und unter
   Geht er um zwölf.
FLEANCE   Ich halt's für später, Sir.
BANQUO Warte, trag mein Schwert. – Der Himmel spart
   Alle Kerzen aus. – Hier, trag das auch.
   Erschöpfung liegt wie Blei auf mir und dennoch
   Will ich nicht schlafen: zähmt, ihr Gnadenmächte
   Die verfluchten Kopfgespenster mir
   Wenn die Natur sie in der Ruhe freiläßt. –

   Mein Schwert. Wer da?
MACBETH   Gut Freund.
BANQUO   Wie, Sir! Noch auf?
   Der König ist im Bett: Er hat sich ungewöhnlich
   Gut unterhalten und Euch Eure Leute
   Überreich entgolten. Euer Weib
   Grüßt er zum Schluß mit diesem Diamanten
   Als die zuvorkommendste Wirtin und
   Beschloß den Tag ganz aus der Maßen glücklich.
MACBETH Unvorbereitet wie wir war'n, hat Mangel
   Den Willen uns bedrückt, der anders sich
   Freigiebig entfaltet hätte.
BANQUO   Sorgt nicht.

I dreamt last Night of the three weyward Sisters:
To you they haue shew'd some truth.

Macb. I thinke not of them:
Yet when we can entreat an houre to serue,
We would spend it in some words vpon that Businesse,
If you would graunt the time.

Banq. At your kind'st leysure.

Macb. If you shall cleaue to my consent,
When 'tis, it shall make Honor for you.

Banq. So I lose none,
In seeking to augment it, but still keepe
My Bosome franchis'd, and Allegeance cleare,
I shall be counsail'd.

Macb. Good repose the while.

Banq. Thankes Sir: the like to you.   *Exit Banquo.*

Macb. Goe bid thy Mistresse, when my drinke is ready,
She strike vpon the Bell. Get thee to bed.   *Exit.*
Is this a Dagger, which I see before me,
The Handle toward my Hand? Come, let me clutch thee:
I haue thee not, and yet I see thee still.
Art thou not fatall Vision, sensible
To feeling, as to sight? or art thou but
A Dagger of the Minde, a false Creation,
Proceeding from the heat-oppressed Braine?
I see thee yet, in forme as palpable,
As this which now I draw.
Thou marshall'st me the way that I was going,
And such an Instrument I was to vse.
Mine Eyes are made the fooles o'th' other Sences,
Or else worth all the rest: I see thee still;
And on thy Blade, and Dudgeon, Gouts of Blood,
Which was not so before. There's no such thing:

Mir träumt noch von den Schicksalsschwestern: Euch
Ward schon was wahr.

MACBETH Ich denke nicht an sie.
Doch fände sich Gelegenheit, so ließen
In der Sache sich noch Worte wechseln
Falls es Euch paßt.

BANQUO Wann's Euch beliebt.

MACBETH Steht Ihr
Dann zu mir, wenn, macht Euch das Ehre.

BANQUO Falls ich
Sie zu mehren suchend, nicht sie mindre
Die Brust mir frei bleibt, und der Rang gewahrt
Kann man mich fragen.

MACBETH Wünsche guten Schlaf!

BANQUO Danke, Sir: das Gleiche Euch.

MACBETH Lauf, sag der Herrin, sie soll läuten, ist
Mein Nachttrunk fertig, und dann leg dich schlafen. –
Ist das ein Messer, was ich vor mir sehe
Den Griff mir zugekehrt? Komm, laß dich greifen:
Ich faß dich nicht, und dennoch seh ich dich.
Ist bei dir Unheilszeichen sichtbar nicht
Gleich faßbar? Oder bist du bloß ein Hirndolch
Eine Truggeburt, entsprungen aus
Dem überhitzten Kopf? Ich seh dich immer
So deutlich wie hier den, den ich jetzt zücke.
Du zeigst mir den Weg auf dem ich bin
Und solch ein Instrument will ich verwenden. –
Die Augen sind mir Narr'n der Nachbarsinne
Oder mehr wert als der Rest: Ich seh dich immer
Und auf dem Stahl, dem Heft jetzt Tropfen Bluts
Das war nicht vorher. – Da ist so kein Ding
Es ist das Blutgeschäft, das meine Augen

It is the bloody Businesse, which informes
Thus to mine Eyes. Now o're the one halfe World
Nature seemes dead, and wicked Dreames abuse
The Curtain'd sleepe: Witchcraft celebrates
Pale *Heccats* Offrings: and wither'd Murther,
Alarum'd by his Centinell, the Wolfe,
Whose howle's his Watch, thus with his stealthy pace,
With *Tarquins* rauishing sides, towards his designe
Moues like a Ghost. Thou sowre and firme-set Earth
Heare not my steps, which they may walke, for feare
Thy very stones prate of my where-about,
And take the present horror from the time,
Which now sutes with it. Whiles I threat, he liues:
Words to the heat of deedes too cold breath giues.

A Bell rings.

I goe, and it is done: the Bell inuites me.
Heare it not, *Duncan*, for it is a Knell,
That summons thee to Heauen, or to Hell.   *Exit.*

Scena Secunda.

Enter Lady.

La. That which hath made them drunk, hath made me bold:
What hath quench'd them, hath giuen me fire.
Hearke, peace: it was the Owle that shriek'd,
The fatall Bell-man, which giues the stern'st good-night.
He is about it, the Doores are open:
And the surfeted Groomes doe mock their charge
With Snores. I haue drugg'd their Possets,
That Death and Nature doe contend about them,
Whether they liue, or dye.

Anlernt. – Nun liegt auf unsrer Weltenhälfte
Natur wie tot, und böse Träume martern
Den verhangnen Schlaf. Mit Kraft der Hexen
Läßt sich die düstere Hekate feiern
Und schnöder Mord, geweckt von seinem Wächter
Dem Wolf, des Heulen seine Uhr ist, tappt
Mit seinem Diebsgang, mit Tarquinius' geiler
Leisetreterei zu seinem Zweck
Nach Geisterart. Du fest gefügte Erde
Hör meinen Schritt nicht, noch wohin er lenkt
Auf daß nicht deine Steine mich verpfeifen
Und der Spukzeit allen Grusel rauben
Der ihr gehört. Ich droh ihm, er wird alt:
Viel Worte machen heiße Taten kalt.
Ich gehe und das war's: die Glocke lädt mich
Du, Duncan, hör nicht hin; denn dies Gebimmel
Ruft dich zur Hölle, wo nicht in den Himmel.

2

LADY MACBETH Was sie betrunken machte, macht mich kühn:
Was sie ersäufte, mich befeuert's. – Horch! –
Stille! Die Eule schrie, der Unheilsglöckner
Der grüßt am grausigsten zur Nacht. Er ist
Dabei. Die Türen auf; die vollen Kerle
Verhöhnen schnarchend ihre Pflicht: ich würzte
Ihnen ihr Gesöff, daß Tod und Leben
Um ihr Erwachen ringen.

Enter Macbeth.

Macb. Who's there? what hoa?

Lady. Alack, I am afraid they haue awak'd,
  And 'tis not done: th' attempt, and not the deed,
  Confounds vs: hearke: I lay'd their Daggers ready,
  He could not misse 'em. Had he not resembled
  My Father as he slept, I had don't.
  My Husband?

Macb. I haue done the deed:
  Didst thou not heare a noyse?

Lady. I heard the Owle schreame, and the Crickets cry.
  Did not you speake?

Macb. When?

Lady. Now.

Macb. As I descended?

Lady. I.

Macb. Hearke, who lyes i'th' second Chamber?

Lady. *Donalbaine.*

Mac. This is a sorry sight.

Lady. A foolish thought, to say a sorry sight.

Macb. There's one did laugh in's sleepe,
  And one cry'd Murther, that they did wake each other:
  I stood, and heard them: But they did say their Prayers,
  And addrest them againe to sleepe.

Lady. There are two lodg'd together.

Macb. One cry'd God blesse vs, and Amen the other,
  As they had seene me with these Hangmans hands:
  Listning their feare, I could not say Amen,
  When they did say God blesse vs.

Lady. Consider it not so deepely.

MACBETH   Wer da? – He!

LADY MACBETH Ach! Der Tod verlor, fürcht ich, und es
    Ist ungetan: – der Anlauf, nicht die Tat
    Erwürgt uns. – Horch! – Ich legt ihre Dolche
    Für ihn zurecht, er konnte sie unmöglich
    Übersehn. – Glich nicht der Alte schlafend
    Meinem Vater, ich hätts selbst getan. – Mein Gatte!

MACBETH Ich tat die Tat. – Hast du nicht Lärm gehört?

LADY MACBETH Die Eule kreischte, und die Grillen kratzten.
    Sprachst du nicht?

MACBETH   Wann?

LADY MACBETH   Jetzt eben.

MACBETH   Auf der Stiege?

LADY MACBETH Ja.

MACBETH   Horch! Wer liegt im nächsten Zimmer?

LADY MACBETH Donalbain.

MACBETH   Kein schöner Anblick, das.

LADY MACBETH Unsinn, an dem Anblick ist nichts unschön.

MACBETH Da lachte wer im Schlaf, rief einer »Mord!«
    Daß sie sich weckten: ich stand still und horchte;
    Sie sagten ein Gebet und dann einander
    Gute Nacht.

LADY MACBETH Zwei sind da einquartiert.

MACBETH Als sähen sie mit diesen Henkerfäusten
    An ihrem Bett mich stehn, schrie erst der eine
    »Gott sei uns gnädig!«, dann der andre »Amen!«
    Ihre Furcht belauschend, konnte ich
    Nicht »Amen« sagen, als sie riefen »Gott
    Sei uns gnädig.«

LADY MACBETH   Nur nicht zu tief denken.

Mac. But wherefore could not I pronounce Amen?
  I had most need of Blessing, and Amen stuck in my throat.

Lady. These deeds must not be thought
  After these wayes: so, it will make vs mad.
Macb. Me thought I heard a voyce cry, Sleep no more:
  Macbeth does murther Sleepe, the innocent Sleepe,
  Sleepe that knits vp the rauel'd Sleeue of Care,
  The death of each dayes Life, sore Labors Bath,

  Balme of hurt Mindes, great Natures second Course,
  Chiefe nourisher in Life's Feast.

Lady. What doe you meane?
Macb. Still it cry'd, Sleepe no more to all the House:
  Glamis hath murther'd Sleepe, and therefore *Cawdor*
  Shall sleepe no more: *Macbeth* shall sleepe no more.

Lady. Who was it, that thus cry'd? why worthy *Thane*,
  You doe vnbend your Noble strength, to thinke
  So braine-sickly of things: Goe get some Water,
  And wash this filthie Witnesse from your Hand.
  Why did you bring these Daggers from the place?
  They must lye there: goe carry them, and smeare
  The sleepie Groomes with blood.
Macb. Ile goe no more:
  I am afraid, to thinke what I haue done:
  Looke on't againe, I dare not.
Lady. Infirme of purpose:
  Giue me the Daggers: the sleeping, and the dead,
  Are but as Pictures: 'tis the Eye of Child-hood,
  That feares a painted Deuill. If he doe bleed,

MACBETH Nur warum konnte ich nicht »Amen« sagen?
  Wenn einer Gnade braucht, bin ich's, und »Amen«
  Bleibt mir in der Kehle stecken.
LADY MACBETH   Sinnt man
  Solchem Tun so nach, wird man verrückt.
MACBETH Mir war, als hört ich eine Stimme schreien
  »Nie mehr Schlaf! Macbeth erdolcht den Schlaf!«
  Den Schlaf, der schuldlos ist, den Schlaf, der neu
  Den verschlissnen Lebensfaden webt
  Den Alltagstod, Jungbrunnen der Erschöpften
  Balsam für wunde Seelen, zweite Gangart
  Der Natur, Hauptnahrung bei dem Fest
  Des Lebens.
LADY MACBETH Worum geht's dir?
MACBETH   Immer schrie es
  »Nie mehr Schlaf!«, durchs ganze Haus schrie's »Glamis
  Hat den Schlaf gemordet, drum wird Cawdor
  Nie mehr schlafen, Macbeth nie mehr schlafen!«
LADY MACBETH Wer schrie? Was schrie? Laß das, werter Than
  Du spannst nur deine noble Kraft ab, denkst du
  So kopfkrank über Dinge. Geh, nimm Wasser
  Und wasch der Hand den dummen Zeugen weg.
  Wozu bracht'st du die Dolche mit? Sie müssen
  Oben sein: geh, trag sie hoch und schmier
  Die Schlafsoldaten blutig.
MACBETH   Ich geh nicht noch mal:
  Mich ängstigt schon, an was ich tat zu denken;
  Es wieder anzusehen, wag ich nicht.
LADY MACBETH Sir Wankelmut! Gib mir die Dolche. Schläfer
  Und Tote sind nicht mehr als Bilder, einzig
  Kinderaugen schreckt gemalt ein Teufel.
  Wenn er noch blutet, schminke ich die Schnarcher

Ile guild the Faces of the Groomes withall,
For it must seeme their Guilt.   *Exit.*
                                        Knocke within.

Macb. Whence is that knocking?
    How is't with me, when euery noyse appalls me?
    What Hands are here? hah: they pluck out mine Eyes.
    Will all great *Neptunes* Ocean wash this blood
    Cleane from my Hand? no: this my Hand will rather
    The multitudinous Seas incarnardine,
    Making the Greene one, Red.
                        Enter Lady.

Lady. My Hands are of your colour: but I shame
    To weare a Heart so white.   *Knocke.*
    I heare a knocking at the South entry:
    Retyre we to our Chamber:
    A little Water cleares vs of this deed.
    How easie is it then? your Constancie
    Hath left you vnattended.   *Knocke.*
    Hearke, more knocking.
    Get on your Night-Gowne, least occasion call vs,
    And shew vs to be Watchers: be not lost
    So poorely in your thoughts.
Macb. To know my deed,   *Knocke.*
    'Twere best not know my selfe.
    Wake *Duncan* with thy knocking:
    I would thou could'st.   *Exeunt.*

Mit falscher Schuld.

MACBETH   Wo kommt das Pochen her? –
    Wer bin denn ich, den jeder Laut entsetzt?
    Was woll'n die Hände? Ah, sie reißen mir
    Die Augen aus. Wäscht Neptuns Ozean
    Dies Blut von meiner Hand mir ab? Nein, eher
    Färbt die Hand das Weltmeer um, wie Fleisch
    Das große Grüne rötend.

LADY MACBETH Meine Hände, deine Farbe; peinlich
    Ist nur: das Herz blieb weiß. Es pocht am Südtor:
    Wir ziehn uns zurück. Von dieser Tat
    Reinigt uns ein Eimer Wasser: Ende!
    Dein Selbstvertraun ist dir zu früh gegangen. –
    Horch! Es pocht noch. Wirf dich in dein Nachthemd
    Daß uns kein Zufall ruft und aufdeckt, wir
    Waren Zeugen. – Geh nicht verloren, so
    In Gedanken.

MACBETH Wo geht der Weg von meiner Tat zu mir.
    Poch Duncan wach: könnt'st du's, wär mir das lieb!

Scena Tertia.

Enter a Porter.
Knocking within.

Porter. Here's a knocking indeede: if a man were
Porter of Hell Gate, hee should haue old turning the
Key. *Knock.* Knock, Knock, Knock. Who's there
i'th' name of *Belzebub*? Here's a Farmer, that hang'd
himselfe on th' expectation of Plentie: Come in time, haue
Napkins enow about you, here you'le sweat for't. *Knock.*
Knock, knock. Who's there in th' other Deuils Name?
Faith here's an Equiuocator, that could sweare in both
the Scales against eyther Scale, who committed Treason
enough for Gods sake, yet could not equiuocate to Hea-
uen: oh come in, Equiuocator. *Knock.* Knock,
Knock, Knock. Who's there? 'Faith here's an English
Taylor come hither, for stealing out of a French Hose:
Come in Taylor, here you may rost your Goose. *Knock.*
Knock, Knock. Neuer at quiet: What are you? but this
place is too cold for Hell. Ile Deuill-Porter it no further:
I had thought to haue let in some of all Professions, that
goe the Primrose way to th' euerlasting Bonfire. *Knock.*
Anon, anon, I pray you remember the Porter.
            Enter Macduff, and Lenox.
Macd. Was it so late, friend, ere you went to Bed,
That you doe lye so late?
Port. Faith Sir, we were carowsing till the second Cock:
And Drinke, Sir, is a great prouoker of three things.
Macd. What three things does Drinke especially
prouoke?
Port. Marry, Sir, Nose-painting, Sleepe, and Vrine.

PFÖRTNER Ein Gepoche ist das! Als ob einer Schlüsseldreher
am Höllentor wär. Poch, poch, poch. In Beelzebubs Namen, wer da? Hiers'n Bauer, wo sich erhängt hat wegen
'ner guten Ernte. Zur rechten Zeit: der Kornpreis is am
fallen! Bring orntlich Lappen mit, hier schwitzt du anders.
Poch, poch. Wer da in dem nächsten Deubel sein Namen?
Mein Seel', Hier ist ein Rechtsverdreher, der in jeder
Schale Justitias gegen die andere zu schwören wußte und
im Namen Gottes jede Menge Rechtsbrüche beging, nur
das Recht des Himmels konnt er nicht verdrehn. O
komm du mir nur rein, Rechtsverdreher! Poch, poch,
poch. Wer da? Mein Seel', hier ist ein englischer Schneider, hierher gewünscht, weil er eine Hose französisch zu-
schnitt. Herein mit dir, Schneider, hier wird dir dein Bü-
geleisen gebraten. Poch, poch. Ich hab Pause. Was bist du?
– Für die Hölle isses hier leider zu frisch, ich laß die Teu-
felspförtnerei bleiben, 's sind auch zu viele, weil, da is
keine Zunft, von der nich 'n paar den Blumenpfad ins
Freudenfeuer, ins ewige, trotten. Komme schon, komme
schon: Ich bitt euch, vergeßt nicht den Pförtner.
MACDUFF War es so früh, als Ihr ins Bett gingt, Freundchen
Daß Ihr so spät noch liegt?
PFÖRTNER Mein Seel', Sir, wir ham gezecht bis Hahn zwo,
und der Suff, Sir, ist ein starker Aufreizer von drei Dingen.
MACDUFF Welche drei Dinge reizt der Suff besonders auf?

PFÖRTNER Na ja, Sir: Zinkenfärbung, Schlaf und Urin. Die

Lecherie, Sir, it prouokes, and vnprouokes: it prouokes
the desire, but it takes away the performance. Therefore
much Drinke may be said to be an Equiuocator with Lecherie: it makes him, and it marres him; it sets him on,
and it takes him off; it perswades him, and dis-heartens
him; makes him stand too, and not stand too: in conclu-
sion, equiuocates him in a sleepe, and giuing him the Lye,
leaues him.

Macd. I beleeue, Drinke gaue thee the Lye last Night.

Port. That it did, Sir, i'the very Throat on me: but I
requited him for his Lye, and (I thinke) being too strong
for him, though he tooke vp my Legges sometime, yet I
made a Shift to cast him.
Enter Macbeth.
Macd. Is thy Master stirring?
Our knocking ha's awak'd him: here he comes.
Lenox. Good morrow, Noble Sir.
Macb. Good morrow both.
Macd. Is the King stirring, worthy *Thane*?
Macb. Not yet.
Macd. He did command me to call timely on him,
I haue almost slipt the houre.
Macb. Ile bring you to him.
Macd. I know this is a ioyfull trouble to you:
But yet 'tis one.
Macb. The labour we delight in, Physicks paine:
This is the Doore.
Macd. Ile make so bold to call, for 'tis my limitted
    seruice.   *Exit Macduffe.*
Lenox. Goes the King hence to day?

Geilheit, Sir, reizt er auf und wieder ab, er reizt die Begier auf und schwächt die Ausführung ab. Weswegen Sie sagen können, der Suff springt mit der Geilheit um wie ein Rechtsverdreher mit unsereinem: er jagt uns hoch und jagt uns weg, er macht uns heiß und stellt uns kalt, er tut mit uns groß und macht uns klein, er nennt uns Freund und ist uns Feind. In conclusio: er trickst uns in den Schlaf, legt uns auf's Kreuz, und läßt uns hängen.

MACDUFF Ich glaub, dich hat die Nacht der Suff auf's Kreuz gelegt.

PFÖRTNER Das hat er wollen, Sir, genau durch diese Kehle, aber ich hab mit aller Kraft den Spieß rumgedreht: er hat mir die Beine weghaun woll'n, da hab ich ihn genau durch die Kehle wieder rausgeschmissen.

MACDUFF Hat dein Herr sich schon gerührt?
   Da kommt er; unser Klopfen weckte ihn:

LENOX Guten Morgen. Sir.

MACBETH   Euch guten Morgen.

MACDUFF Großer Than, der König, ist er auf?

MACBETH Noch nicht.

MACDUFF   Er gab Befehl, ihn früh zu wecken:
   Ich hätte fast verschlafen.

MACBETH   Ich geh vor.

MACDUFF Ich weiß, so Sorgen sind für Euch erfreulich;
   Doch Sorgen sind's.

MACBETH   Die Mühe, die uns freut
   Erfrischt uns. Hier, die Tür.

MACDUFF   Ich bin so kühn
   Weil es mein Auftrag ist.

LENOX   Der König rückt

Macb. He does: he did appoint so.

Lenox. The Night ha's been vnruly:
Where we lay, our Chimneys were blowne downe,
And (as they say) lamentings heard i'th' Ayre;
Strange Schreemes of Death,
And Prophecying, with Accents terrible,
Of dyre Combustion, and confus'd Euents,
New hatch'd toth' wofull time.
The obscure Bird clamor'd the liue-long Night.
Some say, the Earth was feuorous,
And did shake.

Macb. 'Twas a rough Night.

Lenox. My young remembrance cannot paralell
A fellow to it.

     Enter Macduff.

Macd. O horror, horror, horror,
Tongue nor Heart cannot conceiue, nor name thee.

Macb. and Lenox. What's the matter?

Macd. Confusion now hath made his Master-peece:
Most sacrilegious Murther hath broke ope
The Lords anoynted Temple, and stole thence
The Life o'th' Building.

Macb. What is't you say, the Life?

Lenox. Meane you his Maiestie?

Macd. Approch the Chamber, and destroy your sight
With a new *Gorgon*. Doe not bid me speake:
See, and then speake your selues: awake, awake,

     Exeunt Macbeth and Lenox.

Ring the Alarum Bell: Murther, and Treason,
Banquo, and *Donalbaine: Malcolme* awake,
Shake off this Downey sleepe, Deaths counterfeit,

             II, iii, 61-91

Heut ab?

MACBETH   Das tut er. – Mind'stens hat er's vor.

LENOX Die Nacht war übel: wo wir lagen, blies es
Die Kamine weg und manche sagen
Ein Wimmern wär im Wind zu hör'n gewesen
Geheul, unheimliches, von Tod, und kündend
Mit Schreckenslauten Schock und Wirrnis
Im schwarzen Schoß der armen Zeit gezeugt
Durchlärmte sie der Düstervogel. Andre
Fühlten, wie die Erde fiebrig bebte.

MACBETH Die Nacht war rauh.

LENOX   Ich weiß, jung wie ich bin
Von keiner so.

MACDUFF   O Horror! Horror! Horror!
Dich faßt kein Herz, noch nennt dich eine Zunge!

MACBETH + LENOX Wie?

MACDUFF Das Chaos hat sein Meisterstück vollbracht!
Höchst ketzerischer Mord erbrach den Tempel
Des gesalbten Oberherrn und raubte
Aus ihm das Leben!

MACBETH   Was sagt Ihr? Das Leben?

LENOX Meint Ihr die Majestät?

MACDUFF   Geht in die Kammer
Und eine neue Gorgo starrt zu Stein euch. –
Fragt nichts: Geht, seht und fragt euch selber dann. –
Erwacht! Erwacht! Zieht eure Feuerglocke.
Mord und Verrat! Banquo und Donalbain
Malcolm, erwacht! Den dumpfen Schlaf werft ab
Das Bild des Tods, und seht den Tod, ihn selbst! –

And looke on Death it selfe: vp, vp, and see
The great Doomes Image: *Malcolme, Banquo,*
As from your Graues rise vp, and walke like Sprights,
To countenance this horror. Ring the Bell.

Bell rings. Enter Lady.

Lady. What's the Businesse?
That such a hideous Trumpet calls to parley
The sleepers of the House? speake, speake.

Macd. O gentle Lady,
'Tis not for you to heare what I can speake:
The repetition in a Womans eare,
Would murther as it fell.

Enter Banquo.

O *Banquo, Banquo,* Our Royall Master's murther'd.
Lady. Woe, alas:
What, in our House?
Ban. Too cruell, any where.
Deare *Duff,* I prythee contradict thy selfe,
And say, it is not so.

Enter Macbeth, Lenox, and Rosse.

Macb. Had I but dy'd an houre before this chance,
I had liu'd a blessed time: for from this instant,
There's nothing serious in Mortalitie:
All is but Toyes: Renowne and Grace is dead,
The Wine of Life is drawne, and the meere Lees
Is left this Vault, to brag of.

Enter Malcolme and Donalbaine.

Donal. What is amisse?
Macb. You are, and doe not know't:
The Spring, the Head, the Fountaine of your Blood
Is stopt, the very Source of it is stopt.

II, iii, 92-122

Auf, auf, erblickt vor euch das Weltenende!
Malcolm! Banquo! Aufersteht wie aus
Dem Grab und naht gleich toten Seelen, tretet
Dem Horror bei!

LADY MACBETH   Welch ein Geschäft ist es
    Das mit solch gräßlich tönender Trompete
    Des Hauses Schläfer zur Versammlung ruft?
    Sprecht, sprecht!
MACDUFF   O liebenswürd'ge Lady, Ihr
    Sollt nicht hören, was ich sprechen kann:
    Wiederholte ich es für ein Frauenohr
    's wär Mord mit Worten. Banquo! Banquo! Mord
    An unserm königlichen Herrn!

LADY MACBETH   Weh! Ach!
    Was! In unserm Hause?
BANQUO   Unerträglich
    Ganz egal wo. Bester Duff, ich bitte
    Widersprich dir selbst und sag, es ist nicht.

MACBETH Mein Leben, wenn's vor einer Stunde ausrann
    War ein gesegnetes; denn von nun an
    Fehlt aller Sterblichkeit der Ernst; das Ganze
    Ist nur noch Spielwerk: tot sind Geist und Glaube
    Der Wein des Lebens ist gezapft, der Satz nur
    Bleibt dem Gewölbe, sich damit zu brüsten.

DONALBAIN Was ging zu Bruch?
MACBETH   Ihr selbst und wißt es nicht:
    Der Quell, der Born, der Brunnen eures Bluts
    Liegt trocken; trocken liegt sein Ursprung.

Macd. Your Royall Father's murther'd.

Mal. Oh, by whom?

Lenox. Those of his Chamber, as it seem'd, had don't:
Their Hands and Faces were all badg'd with blood,
So were their Daggers, which vnwip'd, we found
Vpon their Pillowes: they star'd, and were distracted,
No mans Life was to be trusted with them.

Macb. O, yet I doe repent me of my furie,
That I did kill them.
Macd. Wherefore did you so?
Macb. Who can be wise, amaz'd, temp'rate, & furious,
Loyall, and Neutrall, in a moment? No man:
Th' expedition of my violent Loue
Out-run the pawser, Reason. Here lay *Duncan*,
His Siluer skinne, lac'd with his Golden Blood,
And his gash'd Stabs, look'd like a Breach in Nature,

For Ruines wastfull entrance: there the Murtherers,
Steep'd in the Colours of their Trade; their Daggers
Vnmannerly breech'd with gore: who could refraine,
That had a heart to loue; and in that heart,
Courage, to make's loue knowne?

Lady. Helpe me hence, hoa.
Macd. Looke to the Lady.
Mal. Why doe we hold our tongues,
That most may clayme this argument for ours?

Donal. What should be spoken here,

MACDUFF   Mord
   Schlug euren königlichen Vater.
MALCOLM   O!
   Wer war's?
LENOX   Dem Anschein nach die Wachen: Blut
   Fleckt an ihren Händen und Visagen
   Wie ihren Dolchen, die wir ungesäubert
   Bei ihnen fanden: sie war'n stumm und starrten
   Sinnverstört; kein Menschenleben war
   Vor ihnen sicher.
MACBETH   O! und doch bereu' ich's
   Daß mein Zorn sie schlug.
MACDUFF   Was machtet Ihr?
MACBETH Wer kann bedacht, entsetzt, maßvoll und rasend
   Parteiisch und neutral zur gleichen Zeit sein?
   Ein Mann nicht: Heftige Ergebenheit
   Lief dem Verstand davon, dem Pausenmacher. –
   Duncan liegt hier, die Silberhaut besetzt
   Mit Spitzen goldnen Bluts, und seine Schnitte
   Klaffen wie geborstne Dämme auf
   Durch die Verheerung einbricht: da die Mörder
   Besprengt mit allen Farben ihrer Zunft
   Die Dolche unmanierlich überkrustet.
   Wer der ein treues Herz und in dem Herzen
   Courage hat, die Treue zu beweisen
   Wollte da sich zügeln?
LADY MACBETH   Helft mir! O!
MACDUFF Seht nach der Lady.
DONALBAIN *leise zu Malcolm*
   Was sind denn wir so still, die diese Sache
   Zuerst angeht?
MALCOLM   Was ist zu sagen hier

Where our Fate hid in an augure hole,
May rush, and seize vs? Let's away,
Our Teares are not yet brew'd.

Mal. Nor our strong Sorrow
Vpon the foot of Motion.

Banq. Looke to the Lady:
And when we haue our naked Frailties hid,
That suffer in exposure; let vs meet,
And question this most bloody piece of worke,
To know it further. Feares and scruples shake vs:
In the great Hand of God I stand, and thence,
Against the vndivulg'd pretence, I fight
Of Treasonous Mallice.

Macd. And so doe I.

All. So all.

Macb. Let's briefely put on manly readinesse,
And meet i'th' Hall together.

All. Well contented.   *Exeunt.*

Malc. What will you doe?
Let's not consort with them:
To shew an vnfelt Sorrow, is an Office
Which the false man do's easie.
Ile to England.

Don. To Ireland, I:
Our seperated fortune shall keepe vs both the safer:
Where we are, there's Daggers in mens Smiles;
The neere in blood, the neerer bloody.

Malc. This murtherous Shaft that's shot,
Hath not yet lighted: and our safest way,
Is to auoid the ayme. Therefore to Horse,
And let vs not be daintie of leaue-taking,

Wo unser Los aus jedem Mauseloch
Uns anspringt und uns packt? Komm weg: uns sind
Die Tränen noch nicht ausgegor'n.
DONALBAIN   Noch kann
Unser starker Schmerz schon laufen.
BANQUO   Helft der Lady.
Und wir, wenn unsere nackte Schwäche, ungern
Gesehn vom hellen Tag, bedeckt ist, wir
Werden dies sehr blutige Stück Arbeit
Befragen und erforschen. Furcht und Zweifel
Schütteln uns: ich steh in Gottes Hand;
Das ist die Stelle, von da treib ich kämpfend
Aus seinem Dunkel in die Tageshelle
Heimtückischen Verrat.
MACDUFF   Und ich.
ALLE   Wir alle.
MACBETH Wehrhaftigkeit uns anzulegen laßt
Uns eilen. In der Halle dann.
ALLE   So sei es.
MALCOLM Was willst du tun? Nicht sie sind uns ein Beistand:
Schmerz zu spielen ist die leicht'ste Übung
Für einen Heuchler. Ich entflieh nach England.

DONALBAIN Nach Irland ich: getrennt ist sicherer:
Wo wir jetzt sind, lächeln Männer Dolche:
Je näher blutsverwandt, je eher blutig.

MALCOLM Von der Sehne ist der mörderische Pfeil
Und aus seiner Bahn geht unser Weg:
Auf's Pferd; und ohne großen Abschied laß uns
Verschwinden. Schwerlich strafbar ist der Dieb

But shift away: there's warrant in that Theft,
Which steales it selfe, when there's no mercie left.

Exeunt.

Scena Quarta.

Enter Rosse, with an Old man.

Old man. Threescore and ten I can remember well,
Within the Volume of which Time, I haue seene
Houres dreadfull, and things strange: but this sore Night
Hath trifled former knowings.

Rosse. Ha, good Father,
Thou seest the Heauens, as troubled with mans Act,
Threatens his bloody Stage: byth' Clock 'tis Day,
And yet darke Night strangles the trauailing Lampe:
Is't Nights predominance, or the Dayes shame,
That Darknesse does the face of Earth intombe,
When liuing Light should kisse it?

Old man. 'Tis vnnaturall,
Euen like the deed that's done: On Tuesday last,
A Faulcon towring in her pride of place,
Was by a Mowsing Owle hawkt at, and kill'd.

Rosse. And *Duncans* Horses,
(A thing most strange, and certaine)
Beauteous, and swift, the Minions of their Race,
Turn'd wilde in nature, broke their stalls, flong out,
Contending 'gainst Obedience, as they would
Make Warre with Mankinde.

Der sich stahl, als ihm keine Hoffnung blieb.

4

ALTER MANN Dreimal zwanzig und zehn Jahre mehr
   Erinnre ich; sah Stunden schlimm und Dinge fremd
   Doch diese wüste Nacht verkleinert alles
   Bis hierher Erlebte.
ROSSE   Guter Vater
   Du siehst, die Himmel, schwer gekränkt
   Durch Menschenwerk, sie drohen seinem roten
   Schaugerüst: der Uhr nach ist es Tag
   Und doch hat dunkle Nacht das Wanderlicht
   Im Griff. Ist es die Vormacht nun der Nacht
   Ist es die Scham des Tags, wenn Finsternis
   Das Erdgesicht begräbt, wo Lebenshelle
   Wach es küssen sollte?
ALTER MANN   Unnatürlich
   Ist es wie die Tat. Am letzten Dienstag
   Griff eine Eule, Mäuse jagend sonst
   In stolzer Höhe einen Falken an
   Und schlug ihn.
ROSSE   Und, unglaublich, aber wahr
   Duncans Pferde, edel, schnell, die Zierde
   Ihrer Zucht, sie scheuten, stiegen, brachen
   Aus den Ställen, keilten nach den Knechten
   Als wollten Krieg sie mit der Menschheit führen.

Old man. 'Tis said, they eate each other.

Rosse. They did so:

To th' amazement of mine eyes that look'd vpon't.

Enter Macduffe.

Heere comes the good *Macduffe.*

How goes the world Sir, now?

Macd. Why see you not?

Ross. Is't known who did this more then bloody deed?

Macd. Those that *Macbeth* hath slaine.

Ross. Alas the day,

What good could they pretend?

Macd. They were subborned,

Malcolme, and *Donalbaine* the Kings two Sonnes

Are stolne away and fled, which puts vpon them

Suspition of the deed.

Rosse. 'Gainst Nature still,

Thriftlesse Ambition, that will rauen vp

Thine owne liues meanes: Then 'tis most like,

The Soueraignty will fall vpon *Macbeth.*

Macd. He is already nam'd, and gone to Scone

To be inuested.

Rosse. Where is *Duncans* body?

Macd. Carried to Colmekill,

The Sacred Store-house of his Predecessors,

And Guardian of their Bones.

Rosse. Will you to Scone?

Macd. No Cosin, Ile to Fife.

Rosse. Well, I will thither.

Macd. Well may you see things wel done there: Adieu

Least our old Robes sit easier then our new.

Rosse. Farewell, Father.

ALTER MANN Es heißt sie bissen sich.
ROSSE   Das taten sie;
  Ein Grausen war's zu sehn. Da kommt Macduff.

  Wie geht die Welt nun weiter, Sir.

MACDUFF   Ihr seht's doch.
ROSSE 's ist mehr als eine Bluttat. Weiß man, wer?
MACDUFF Die, die Macbeth aufschlitzte.
ROSSE   Was ein Tag!
  Und ihr Motiv?
MACDUFF   Sie wurden angestiftet.
  Malcolm und Donalbain, des Königs Söhne
  Sind still und heimlich ausgerückt; auf sie
  Fällt so Verdacht.
ROSSE   Nur nicht natürlich handeln:
  Haltlose Gier, wie süchtig du vergeudest
  Was dir ins Leben half! – Dann sieht's so aus
  Als wär Macbeth der Thronanwärter.
MACDUFF   Er
  Ist schon gewählt und auf dem Weg nach Scone
  Zur Investur.
ROSSE   Wo ist des Königs Leichnam?
MACDUFF Nach Colmskill unterwegs, zur Gruft der Ahnen
  Wo still die Knochen ruhn.

ROSSE   Geht Ihr nach Scone?
MACDUFF Nein Vetter; ich nach Fife.
ROSSE   Nun denn, ich geh.
MACDUFF Nun denn – Adieu! Mögt Ihr's nur nicht bereuen:
  Oft sitzen alte Röcke besser als die neuen!
ROSSE Lebt wohl, Vater.

Old M. Gods benyson go with you, and with those
That would make good of bad, and Friends of Foes.

Exeunt omnes

ALTER MANN Gottes Segen, euch, die ihr vereint
    Das Böse gut macht, und zum Freund den Feind!

Actus Tertius. Scena Prima.

Enter Banquo.

Banq. Thou hast it now, King, Cawdor, Glamis, all,
   As the weyard Women promis'd, and I feare
   Thou playd'st most fowly for't: yet it was saide
   It should not stand in thy Posterity,
   But that my selfe should be the Roote, and Father
   Of many Kings. If there come truth from them,
   As vpon thee *Macbeth*, their Speeches shine,
   Why by the verities on thee made good,
   May they not be my Oracles as well,
   And set me vp in hope. But hush, no more.
     Senit sounded. Enter Macbeth as King, Lady Lenox,
      Rosse, Lords, and Attendants.

Macb. Heere's our chiefe Guest.

La. If he had beene forgotten,
   It had bene as a gap in our great Feast,
   And all-thing vnbecomming.

Macb. To night we hold a solemne Supper sir,
   And Ile request your presence.

Banq. Let your Highnesse
   Command vpon me, to the which my duties
   Are with a most indissoluble tye
   For euer knit.

Macb. Ride you this afternoone?

Ban. I, my good Lord.

Macb. We should haue else desir'd your good aduice
   (Which still hath been both graue, and prosperous)

BANQUO Da hast dus, Glamis, Cawdor, König – alles
Wie es die wüsten Weiber angesagt
Und spieltest, fürchte ich, ein falsches Spiel;
Doch auch gesagt war, daß sich's dir nicht fortzeugt;
Vielmehr sei ich die Wurzel und der Vorfahr
Vieler Könige. Trifft da was ein
Wie jetzt auf dir, Macbeth, ihr Spruch erglänzt
Wieso, bei dem, was an dir wahr geworden
Soll'n sie nicht mein Orakel sein genauso
Und mich zum Hoffen bringen? Still, nichts weiter.

MACBETH Da ist der Hauptgast ja.
LADY MACBETH   Ihn zu vergessen
Das hätte unserm Fest ein Loch gemacht
Und allen Magengrimmen.
MACBETH   Heute Abend
Laden Wir zu einem Festmahl, Sir
Und ich will, daß Ihr da seid.
BANQUO   Eure Hoheit
Befiehlt, an die mein Pflichtgefühl auf ewig
Mich durch den unlösbarsten Knoten knüpft.

MACBETH Nach Mittag plant Ihr einen Ausritt?
BANQUO   Ja
Mein bester Herr.
MACBETH   Wir hätten Eure Stimme
Wie stets ernst und bereichernd sonst zu hörn

In this dayes Councell: but wee'le take to morrow.
Is't farre you ride?

Ban. As farre, my Lord, as will fill vp the time
'Twixt this, and Supper. Goe not my Horse the better,
I must become a borrower of the Night,
For a darke houre, or twaine.

Macb. Faile not our Feast.

Ban. My Lord, I will not.

Macb. We heare our bloody Cozens are bestow'd
In England, and in Ireland, not confessing
Their cruell Parricide, filling their hearers
With strange inuention. But of that to morrow,
When therewithall, we shall haue cause of State,
Crauing vs ioyntly. Hye you to Horse:
Adieu, till you returne at Night.
Goes *Fleance* with you?

Ban. I, my good Lord: our time does call vpon's.

Macb. I wish your Horses swift, and sure of foot:
And so I doe commend you to their backs.
Farwell.   *Exit Banquo.*
Let euery man be master of his time,
Till seuen at Night, to make societie
The sweeter welcome:
We will keepe our selfe till Supper time alone:
While then, God be with you.   *Exeunt Lords.*
Sirrha, a word with you: Attend those men
Our pleasure?

Seruant. They are, my Lord, without the Pallace
Gate.

Macb. Bring them before vs.   *Exit Seruant.*

Gewünscht im Kronrat. Doch dann morgen. Reitet
Ihr weit?

BANQUO   So weit, Mylord, daß es die Zeit füllt
Von jetzt bis an den Schmaus: geht mein Pferd schlecht
Werd ich mich bei der Nacht verschulden müssen
Mit einer dunklen Stunde oder zwei.

MACBETH   Verpaßt
Das Fest nicht.

BANQUO   Sicher nicht, Mylord.

MACBETH   Wir hören
Unsre blutbegoss'nen Vettern fanden
Asyl in England wie in Irland; statt
Den grausen Vatermord einzugestehn
Füttern sie die Hörer mit Erfund'nem.
Doch davon morgen mehr, wenn uns wie täglich
Die Sorge um den Staat zusammenruft.
Aufs Pferd mit Euch: Adieu, bis wir am Abend
Uns wiedersehn. Und Fleance reitet mit Euch?

BANQUO Ja, bester Herr, und unsre Zeit wird knapp.

MACBETH Windschnell wünsch ich die Pferde euch und
Und laß in diesem Sinn euch ihrem Rücken. [hufstark
Lebt wohl. –
Herr seiner Zeit soll nun ein jeder sein
Bis daß es sieben schlägt. Um den Genuß
An der Gesellschaft zu erfrischen, ziehn Wir
Bis an das feierliche Festmahl Uns zurück:
Bis dahin Gott befohlen. Freund, ein Wort.
Sind diese Männer bei der Hand?

DIENER   Sie sind's
Herr, warten vor dem Haupttor.

MACBETH   Bring sie zu Uns.

To be thus, is nothing, but to be safely thus:
Our feares in *Banquo* sticke deepe,
And in his Royaltie of Nature reignes that
Which would be fear'd. 'Tis much he dares,
And to that dauntlesse temper of his Minde,
He hath a Wisdome, that doth guide his Valour,
To act in safetie. There is none but he,
Whose being I doe feare: and vnder him,
My *Genius* is rebuk'd, as it is said
Mark Anthonies was by *Caesar*. He chid the Sisters,
When first they put the Name of King vpon me,
And bad them speake to him. Then Prophet-like,
They hayl'd him Father to a Line of Kings.
Vpon my Head they plac'd a fruitlesse Crowne,
And put a barren Scepter in my Gripe,
Thence to be wrencht with an vnlineall Hand,
No Sonne of mine succeeding: if't be so,
For *Banquo's* Issue haue I fil'd my Minde,
For them, the gracious *Duncan* haue I murther'd,
Put Rancours in the Vessell of my Peace
Onely for them, and mine eternall Iewell
Giuen to the common Enemie of Man,
To make them Kings, the Seedes of *Banquo* Kings.
Rather then so, come Fate into the Lyst,
And champion me to th' vtterance.
Who's there?

       Enter Seruant, and two Murtherers.

Now goe to the Doore, and stay there till we call.

                      Exit Seruant.

    Was it not yesterday we spoke together?
Murth. It was, so please your Highnesse.
Macb. Well then,

Es sein ist nichts, es sicher sein ist alles:
Die Furcht vor Banquo
Hockt tief in Uns, und was in ihm regiert
Hoheit von Natur, ist, was wir fürchten:
Er ist kein Feigling, und der Tapferkeit
Paart sich Bedachtsamkeit, die seinen Wagmut
Umsichtig lenkt. Nur ihn hab ich zu fürchten:
Vor ihm duckt mein Ich weg, so wie, sagt man
Das Mark Antons vor Cäsar. Diese Hexen
Ging er gleich an, als sie mich König nannten
Und ihm zu prophezeien bat er sie;
Prompt grüßten sie als eines Königshauses
Ahnherrn ihn: mir auf dem Kopf plazierten
Sie eine Krone unfruchtbar, ich darf
Ein dürres Szepter halten, bis die Faust
Aus andrer Linie mir's entwindet, weil
Nachfolgelos, da keinen Sohn. Soll's das sein
Hab ich für Banquos Welpen mich verbogen
Für sie den guten Duncan totgeschlagen
In meinen Treuekelch das Aufstandsgift
Getropft für sie nur, und mein Heilsjuwel
In Ewigkeit dem Erzfeind überlassen
Damit das König wird, sein Samen König!
Eh's so kommt, tritt, Verhängnis, in die Schranken
Und zeig mir, wer der Meister ist! – Wer da?

Jetzt warte vor der Tür, bis Wir dich rufen.

Krieg es nicht gestern, daß wir uns gesprochen?
MÖRDER 1 Mit Erlaubnis Eurer Hoheit, ja.
MACBETH Nun denn, was haltet ihr von dem Gesagten? –

Now haue you consider'd of my speeches:
Know, that it was he, in the times past,
Which held you so vnder fortune,
Which you thought had been our innocent selfe.
This I made good to you, in our last conference,
Past in probation with you:
How you were borne in hand, how crost:
The Instruments: who wrought with them:
And all things else, that might
To halfe a Soule, and to a Notion craz'd,
Say, Thus did *Banquo*.

1. Murth.   You made it knowne to vs.

Macb.   I did so:
And went further, which is now
Our point of second meeting.
Doe you finde your patience so predominant,
In your nature, that you can let this goe?
Are you so Gospell'd, to pray for this good man,
And for his Issue, whose heauie hand
Hath bow'd you to the Graue, and begger'd
Yours for euer?

1. Murth.   We are men, my Liege.

Macb.   I, in the Catalogue ye goe for men,
As Hounds, and Greyhounds, Mungrels, Spaniels, Curres,
Showghes, Water-Rugs, and Demy-Wolues are clipt
All by the Name of Dogges: the valued file
Distinguishes the swift, the slow, the subtle,
The House-keeper, the Hunter, euery one
According to the gift, which bounteous Nature
Hath in him clos'd: whereby he does receiue
Particular addition from the Bill,
That writes them all alike: and so of men.

Ihr wißt nun, er war's, der euch ewig klein hielt
Derweil ihr meintet, meine Unschuld sei es.
Ich stellte klar, ich konnte euch beweisen
Wie man euch hinhielt, wie euch überging
Mit welchen Mitteln wer euch schadete
Und noch viel mehr, das selbst 'ner Viertelseele
Und einem Halbhirn klarmacht, Banquo tat das.

MÖRDER 1 Ihr habt uns das bekannt gemacht.
MACBETH Das habe ich und gehe weiter, was
    Den Punkt des heut'gen Treffens ausmacht. Habt ihr
    An euch solch einen Hang zu stiller Duldung
    Daß ihr das durchgehn lassen könnt? Singt ihr
    Im Kirchenchor, daß ihr den guten Mann
    Samt seiner Brut bebetet, dessen Arm
    An Grabes Rand euch drängte und die Euren
    Ganz ins Abseits?

MÖRDER 1   Wir sind Männer, Herr.
MACBETH Jawohl, im Lehrbuch steht ihr unter ›Männer‹;
    Wie unter ›Hunde‹ Jagdhund, Hofhund, Köter
    Mops, Pudel, Bastard, Schäferhund und Halbwolf:
    Getrennt nach ihren Arten unterscheiden
    Sich Schnelle, Träge, Sucher, Wächter, Jäger
    Je nach der Gabe, die Natur verschwend'risch
    In sie gelegt, wodurch ein jeglicher
    Sein Merkmal trägt auf dieser Liste, die sie
    Als Hunde sämtlich führt; ganz so bei Männern.

Now, if you haue a station in the file,
Not i'th' worst ranke of Manhood, say't,
And I will put that Businesse in your Bosomes,
Whose execution takes your Enemie off,
Grapples you to the heart; and loue of vs,
Who weare our Health but sickly in his Life,
Which in his Death were perfect.

2. Murth. I am one, my Liege,
Whom the vile Blowes and Buffets of the World
Hath so incens'd, that I am recklesse what I doe,
To spight the World.

1. Murth. And I another,
So wearie with Disasters, tugg'd with Fortune,
That I would set my Life on any Chance,
To mend it, or be rid on't.

Macb. Both of you know *Banquo* was your Enemie.

Murth. True, my Lord.

Macb. So is he mine: and in such bloody distance,
That euery minute of his being, thrusts
Against my neer'st of Life: and though I could
With bare-fac'd power sweepe him from my sight,
And bid my will auouch it; yet I must not,
For certaine friends that are both his, and mine,
Whose loues I may not drop, but wayle his fall,
Who I my selfe struck downe: and thence it is,
That I to your assistance doe make loue,
Masking the Businesse from the common Eye,
For sundry weightie Reasons.

2. Murth. We shall, my Lord,
Performe what you command vs.

Steht ihr in Sachen Mannheit nicht ganz unten
Sprecht, und eurer Brust vertrau ich das
Geschäft an, dessen Abschluß euch den Feind
Vom Hals schafft, und an Unser Herz und Unsre
Gunst euch schmiedet, wo sein Leben Uns
So krank macht wie sein Tod gesund.

MÖRDER 2   Mich bringt
   Die Welt mit ihrem Terror so in Rage
   Daß ich nicht lange zögre, wenn's drum geht
   Zurückzuschlagen.
MÖRDER 1   Da bin ich dabei.
   Das Elend leid, vom Schicksal 'rangenommen
   Setz ich mein Leben gleich auf welches Spiel
   Es zu verbessern oder los zu sein.
MACBETH   Ihr beiden
   Wißt, Banquo ist euch Feind.
MÖRDER 2   Wohl wahr, Mylord.
MACBETH Und ist es mir und in so blut'ger Nähe
   Daß mich sein Sein, Minute für Minute,
   Da schlägt, wo mein Leben sitzt, und könnt ich
   Ihn abtun auch mit unverhohl'ner Macht
   Und meinen Willen zum Gesetz erheben
   Darf ichs doch nicht, denn viele Freunde hat er
   Mit mir gemein, die ich noch brauchen kann
   Mit denen seinen Fall beklagen muß ich
   Der ich ihn selber fällte, und das ist es
   Was mich um euren Beistand buhlen läßt
   Der das Geschäft maskiert vorm Blick der Welt
   Aus sehr gewicht'gen Gründen.
MÖRDER 1   Wir, Mylord
   Führ'n durch, was Ihr befehlt.

1. Murth. Though our Liues--
Macb. Your Spirits shine through you.
    Within this houre, at most,
    I will aduise you where to plant your selues,
    Acquaint you with the perfect Spy o'th' time,
    The moment on't, for't must be done to Night,
    And something from the Pallace: alwayes thought,
    That I require a clearenesse; and with him,
    To leaue no Rubs nor Botches in the Worke:
    Fleans, his Sonne, that keepes him companie,
    Whose absence is no lesse materiall to me,
    Then is his Fathers, must embrace the fate
    Of that darke houre: resolue your selues apart,
    Ile come to you anon.
Murth. We are resolu'd, my Lord.

Macb. Ile call vpon you straight: abide within,
    It is concluded: *Banquo*, thy Soules flight,
    If it finde Heauen, must finde it out to Night.   *Exeunt.*

Scena Secunda.

Enter Macbeths Lady, and a Seruant.

Lady. Is *Banquo* gone from Court?
Seruant. I, Madame, but returnes againe to Night.

Lady. Say to the King, I would attend his leysure,
    For a few words.
Seruant. Madame, I will.   *Exit.*
Lady. Nought's had, all's spent.
    Where our desire is got without content:

MÖRDER 2   Ob's auch das Leben —
MACBETH Aus euch blitzt, was ihr seid. Noch diese Stunde
  Weise ich euch an, wo ihr euch aufpflanzt
  Und bring euch bei, wann ihr die Zeit recht ausspäht;
  Denn diese Nacht muß es getan sein und
  Abseits von der Burg, denn das vergeßt nicht
  Ich darf von nichts was wissen: und damit
  Das Werkstück keine Risse hat und Grate
  Soll in dieser schwarzen Stunde Fleance
  Sein Sohn, der bei ihm ist und dessen Nichtsein
  Mir weniger nicht wiegt als das des Vaters
  Mit ihm dran glauben. Faßt euch anderswo
  Ich komme auf euch zu.

MÖRDER 1   Wir sind gefaßt
  Mylord.
MACBETH Hinaus mit euch. Bis gleich. Geht mit ihm mit.
  Und aus: Banquo, heut Nacht muß deine Seele
  Sehn, daß ihr Flug den Himmel nicht verfehle.

                    2

LADY MACBETH Ist Banquo ausgeritten?
DIENER   Ist er, Madam
  Doch kehrt vor Nacht zurück.
LADY MACBETH   Bestell dem König
  Ich möchte kurz die Muße mit ihm teilen.

  Nichts haben wir, bloß alles durchgebracht
  Wenn uns Erfüllung keine Freude macht:

'Tis safer, to be that which we destroy,
Then by destruction dwell in doubtfull ioy.
Enter Macbeth.
How now, my Lord, why doe you keepe alone?
Of sorryest Fancies your Companions making,
Vsing those Thoughts, which should indeed haue dy'd
With them they thinke on: things without all remedie
Should be without regard: what's done, is done.
Macb. We haue scorch'd the Snake, not kill'd it:
Shee'le close, and be her selfe, whilest our poore Mallice
Remaines in danger of her former Tooth.
But let the frame of things dis–ioynt,
Both the Worlds suffer,
Ere we will eate our Meale in feare, and sleepe
In the affliction of these terrible Dreames,
That shake vs Nightly: Better be with the dead,
Whom we, to gayne our peace, haue sent to peace,
Then on the torture of the Minde to lye
In restlesse extasie.
Duncane is in his Graue:
After Lifes fitfull Feuer, he sleepes well,
Treason ha's done his worst: nor Steele, nor Poyson,
Mallice domestique, forraine Leuie, nothing,
Can touch him further.

Lady. Come on:
Gentle my Lord, sleeke o're your rugged Lookes,
Be bright and Iouiall among your Guests to Night.
Macb. So shall I Loue, and so I pray be you:
Let your remembrance apply to *Banquo*,
Present him Eminence, both with Eye and Tongue:
Vnsafe the while, that wee must laue

Wir selbst sind es, die uns zerstören hier
Zerstörern, die nicht wir sind, trotzen wir.

Was denn, Mylord? Was haltet Ihr Euch abseits
Wählt dumpfe Grübeleien zur Begleitung
Gedanken denkend, die schon tot sein sollten
Wie die, die sie gedacht? Was Ihr nicht umkehrt
Muß Euch nicht umdüstern: was liegt, liegt.
MACBETH Die Schlange ist geritzt, doch nicht erlegt:
Der Schnitt geht zu, und sie ist, was sie war
Und unsrer armen Arglist droht von neuem
Der alte Giftzahn. Doch der Bau der Dinge
Mag aus dem Leim gehn, beide Welten wackeln
Bevor wir ängstlich unser Essen anstarr'n
Und schlafen, jedem Albtraum ausgeliefert
Der uns zu würgen kommt. Dann lieber zu
Den Toten, die wir unsrer Ruhe wegen
Zur Ruhe brachten, als mit allen Nerven
Liegen auf der Streckbank des Bewußtseins
In rastloser Ekstase. Duncan ist
In seinem Grab; nach seines Lebens Fieber-
Schauern schläft er tief; Verrat war ihm
Der allerbeste Arzt: nicht Stahl, noch Gift
Nicht Bürgerkrieg, noch Auslands Neid, nichts davon
Berührt ihn mehr!
LADY MACBETH   Nun komm schon, lieber Gatte:
Glätte die zerdrückten Mienen, zeig dich
Deinen Gästen heiter und jovial.
MACBETH Das will ich, Liebes, du tu's auch, ich bitt dich.
Laß uns vor allem Banquo nicht vergessen
Zuvörderst ihm laß Wort und Blicke gelten:
Noch sitzen wir nicht sicher müssen schöntun

Our Honors in these flattering streames,
And make our Faces Vizards to our Hearts,
Disguising what they are.

Lady. You must leaue this.

Macb. O, full of Scorpions is my Minde, deare Wife:
Thou know'st, that *Banquo* and his *Fleans* liues.

Lady. But in them, Natures Coppie's not eterne.

Macb. There's comfort yet, they are assaileable,
Then be thou iocund: ere the Bat hath flowne
His Cloyster'd flight, ere to black *Heccats* summons
The shard-borne Beetle, with his drowsie hums,
Hath rung Nights yawning Peale,
There shall be done a deed of dreadfull note.

Lady. What's to be done?

Macb. Be innocent of the knowledge, dearest Chuck,
Till thou applaud the deed: Come, seeling Night,
Skarfe vp the tender Eye of pittifull Day,
And with thy bloodie and inuisible Hand

Cancell and teare to pieces that great Bond,
Which keepes me pale. Light thickens,
And the Crow makes Wing toth' Rookie Wood:
Good things of Day begin to droope, and drowse,
Whiles Nights black Agents to their Prey's doe rowse.
Thou maruell'st at my words: but hold thee still,
Things bad begun, make strong themselues by ill:
So prythee goe with me.   *Exeunt.*

Mit Schmeicheljauche unsre Hoheit düngen
Mit dem Gesicht die Herzen überlächelnd
Die Mördergruben.

LADY MACBETH   Nicht doch.

MACBETH   O! Geliebte
Mir im Schädel wimmelt's von Skorpionen!
Du weißt, daß Banquo und sein Fleance leben.

LADY MACBETH Auch die Verträge hat Natur befristet.

MACBETH Darin liegt doch ein Trost; erstürmbar sind sie:
Drum sei du froh. Eh noch die Fledermaus
Lautlosen Flug beginnt, eh auf Befehl
Der nachtschwarzen Hekate uns die Käfer
Mit trägem Brummen hartbeschalter Flügel
Die dumpfe Zeit der Finsternis einläuten
Ist gräßlich eine Tat getan.

LADY MACBETH   Was ist
Getan?

MACBETH   Bis der Tat dein Applaus gilt, lade
Mitwissers Mitschuld dir nicht auf, mein Herzblatt.
Komm, Nacht, komm Lidvernäherin, verbinde
Dem mitleidigen Tag das sanfte Auge
Und mit blutig unsichtbarer Hand
Lös den Vertrag und reiße ihn in Stücke
Der blaß mich macht. – Das Licht stockt und gerinnt
Die Dohle fliegt dem Schwarm nach ins Gehölz
Des Tages gute Dinge legen sich
Und schwarze Nachtagenten regen sich.
Dich wundert's: wart, bis ich das Rätsel löse
Es stärkt, was schlecht begann, sich durch das Böse.
Nun folg mir, sei so gut.

Enter three Murtherers.

1. But who did bid thee ioyne with vs?
3. *Macbeth.*
2. He needes not our mistrust, since he deliuers
   Our Offices, and what we haue to doe,
   To the direction iust.
1. Then stand with vs:
   The West yet glimmers with some streakes of Day.
   Now spurres the lated Traueller apace,
   To gayne the timely Inne, and neere approches
   The subiect of our Watch.

3. Hearke, I heare Horses.
Banquo within. Giue vs a Light there, hoa.
2. Then 'tis hee:
   The rest, that are within the note of expectation,
   Alreadie are i'th' Court.
1. His Horses goe about.

3. Almost a mile: but he does vsually,
   So all men doe, from hence toth' Pallace Gate
   Make it their Walke.
                Enter Banquo and Fleans, with a Torch.
2. A Light, a Light.
3. 'Tis hee.
1. Stand too't.
Ban. It will be Rayne to Night.

1. Let it come downe.

MÖRDER 2 Hier aufzukreuzen hieß dich wer?
DIENER   Macbeth.
MÖRDER 1 Ihm ist zu traun, er war der Mittelsmann
    Für alle Weisungen und Instruktionen
    Und ist im Bild.
MÖRDER 2   Bleib nah bei uns.
MÖRDER 1   Im Westen
    Glimmen rote Fetzen noch des Tags;
    Nun gibt der späte Reisende die Sporen
    Beizeiten noch ein Gasthaus zu erwischen
    Und unsre Vögel nahn.
MÖRDER 2   Still! Ich hör Pferde.
BANQUOS STIMME He, kommt mit Licht!
DIENER   Das sind sie: alle andern
    Die auf der Gästeliste stehn, sind drin.

MÖRDER 2   Sie ritten
    Einen Umweg.
DIENER   Beinah eine Meile;
    Doch müssen sie ab hier, wie alle andern
    Zu Fuß zum Haupttor gehn.

MÖRDER 2   Ein Licht, ein Licht!
MÖRDER 1 Er ist es.
DIENER   An die Arbeit.
BANQUO   Heute Nacht
    Wird's regnen.
MÖRDER 1   Was da fällt laß fallen.

Ban. O, Trecherie!
   Flye good *Fleans*, flye, flye, flye,
   Thou may'st reuenge. O Slaue!
3. Who did strike out the Light?
1. Was't not the way?

3. There's but one downe: the Sonne is fled.

2. We haue lost
   Best halfe of our Affaire.
1. Well, let's away, and say how much is done.

Exeunt.

Scaena Quarta.

Banquet prepar'd. Enter Macbeth, Lady, Rosse, Lenox,
Lords, and Attendants.

Macb. You know your owne degrees, sit downe:
   At first and last, the hearty welcome.
Lords. Thankes to your Maiesty.
Macb. Our selfe will mingle with Society,
   And play the humble Host:
   Our Hostesse keepes her State, but in best time
   We will require her welcome.
La. Pronounce it for me Sir, to all our Friends,
   For my heart speakes, they are welcome.
Enter first Murtherer.
Macb. See they encounter thee with their harts thanks
   Both sides are euen: heere Ile sit i'th' mid'st,
   Be large in mirth, anon wee'l drinke a Measure
   The Table round. There's blood vpon thy face.

BANQUO   O!
   Verräterei! Lauf, Fleance, lauf, lauf, lauf!
   Du kannst es rächen – O du Hund!
DIENER Wer hat die Fackel ausgemacht?
MÖRDER 2   Warum?
   War das nicht richtig?
DIENER   Hier liegt nur der eine:
   Der Sohn ist weg.
MÖRDER 1   Den feinsten Teil des Auftrags
   Haben wir versaut.
DIENER   Tja. Schafft ihn fort
   Dann gehn wir, das Erreichte zu vermelden.

                              4

MACBETH Ihr selbst kennt euren Rang am besten, setzt Euch:
   Ein für alle Mal: Herzlich willkommen!
LORDS Wir danken Eurer Majestät.
MACBETH   Der Wirt
   Mischt fürsorglich sich unter seine Gäste.
   Die Wirtin thront darüber: doch wenn's Zeit ist
   Werden wir auch ihr Willkommen hören.
LADY MACBETH Sir, sprecht Ihr statt meiner aus, was mir
   Mein Herz sagt: Alle Freunde sind willkommen.

MACBETH Sieh, wie sie dir mit ihren Herzen danken.
   Des Tisches Hälften sind gleich stark besetzt
   Hier in der Mitte sitze ich. Vergnügt euch;
   Von nun an lassen wir den Becher kreisen.

Mur. 'Tis *Banquo's* then.

Macb. 'Tis better thee without, then he within.
　　Is he dispatch'd?

Mur. My Lord his throat is cut, that I did for him.

Mac. Thou art the best o'th' Cut-throats,
　　Yet hee's good that did the like for *Fleans:*
　　If thou did'st it, thou art the Non-pareill.

Mur. Most Royall Sir
　　Fleans is scap'd.

Macb. Then comes my Fit againe:
　　I had else beene perfect;
　　Whole as the Marble, founded as the Rocke,
　　As broad, and generall, as the casing Ayre:
　　But now I am cabin'd, crib'd, confin'd, bound in
　　To sawcy doubts, and feares. But *Banquo's* safe?

Mur. I, my good Lord: safe in a ditch he bides,
　　With twenty trenched gashes on his head;
　　The least a Death to Nature.

Macb. Thankes for that:
　　There the growne Serpent lyes, the worme that's fled
　　Hath Nature that in time will Venom breed,
　　No teeth for th' present. Get thee gone, to morrow
　　Wee'l heare our selues againe.　　　　*Exit Murderer.*

Lady. My Royall Lord,
　　You do not giue the Cheere, the Feast is sold
　　That is not often vouch'd, while 'tis a making:
　　'Tis giuen, with welcome: to feede were best at home:
　　From thence, the sawce to meate is Ceremony,
　　Meeting were bare without it.
　　Enter the Ghost of Banquo, and sits in Macbeths place.

　　　　　　　　　　　　　　　III, iv, 18-47

Blut hast du im Gesicht.

MÖRDER 1   Muß Banquos sein.

MACBETH 's ist besser doch auf dir als noch in ihm.
Er ist gekillt?

MÖRDER 1   In seine Kehle regnet's
Mylord, dank meinem Schnitt.

MACBETH   Bist mir der größte
Der Kehlenschneider, und der's tat an Fleance:
Tatst du das auch, bist du das non plus ultra.

MÖRDER 1 Höchst königlicher Sir —

MÖRDER 2   Fleance entkam.

MACBETH So hab ich wieder Fieber: war gesund schon
Wie Marmor glatt, felsartig unverrückbar
Nicht zu belangen, wie um uns die Luft:
Jetzt neu bedrängt, bedrückt, bewacht, belauert
Von Ängsten und von Zweifeln, nimmermüden. —
Doch Banquo liegt?

MÖRDER 1   Klar, bester Herr, der liegt
Schön tief, mit zwanzig Löchern in der Brust
Das kleinste groß genug als Seelenausgang.

MACBETH Dank für das. — Die alte Natter liegt
Der Wurm, der weg kroch, hat zwar schon den Zahn
Doch nicht das Gift, das ihm Natur einst anschafft. —
Geh. Morgen mehr davon.

LADY MACBETH   Mein höchster Herr
Ihr hebt die Laune nicht: ein Festmahl wirkt
Gekauft, belebt kein Zuspruch es zuzeiten:
Essen kann man auch daheim, bei Freunden
Gibt der Umgang Soße an den Braten;
Trocken schmeckt Gesellschaft, wenn er mangelt.

Macb. Sweet Remembrancer:
   Now good digestion waite on Appetite,
   And health on both.
Lenox. May't please your Highnesse sit.

Macb. Here had we now our Countries Honor, roof'd,
   Were the grac'd person of our *Banquo* present:
   Who, may I rather challenge for vnkindnesse,
   Then pitty for Mischance.

Rosse. His absence (Sir)
   Layes blame vpon his promise. Pleas't your Highnesse
   To grace vs with your Royall Company?
Macb. The Table's full.
Lenox. Heere is a place reseru'd Sir.
Macb. Where?
Lenox. Heere my good Lord.
   What is't that moues your Highnesse?
Macb. Which of you haue done this?
Lords. What, my good Lord?
Macb. Thou canst not say I did it: neuer shake
   Thy goary lockes at me.
Rosse. Gentlemen rise, his Highnesse is not well.
Lady. Sit worthy Friends: my Lord is often thus,
   And hath beene from his youth. Pray you keepe Seat,
   The fit is momentary, vpon a thought
   He will againe be well. If much you note him
   You shall offend him, and extend his Passion,
   Feed, and regard him not. Are you a man?
Macb. I, and a bold one, that dare looke on that
   Which might appall the Diuell.
La. O proper stuffe:

MACBETH Liebste Erinnerin! – Daß eure Mägen
  Sich eurem Appetit gewachsen zeigen
  Auf beider Wohl!
LENOX   Gefällt es Eurer Hoheit
  Sich zu setzen?
MACBETH   Unter diesem Dach
  Fand sich die Blüte Unsres Landes ein:
  Wär Unser werter Banquo auch präsent
  Von dem ich hoffen will, er ist unhöflich
  Und nicht unpäßlich.
ROSSE   Sein Nichtdasein, Sir
  Beschämt sein Wort. Gefiele es der Hoheit
  Mit ihrem Tischgespräch uns zu beehren?
MACBETH Der Tisch ist voll.
LENOX   Hier ist ein Platz für Euch, Sir.
MACBETH Wo?
LENOX Hier, bester Herr. Was ist mit Eurer Hoheit?

MACBETH Wer von euch tat das?
LORDS   Was, mein bester Herr?
MACBETH Du kannst nicht sagen, ich tat's: schüttle nicht
  Die roten Locken gegen mich.
ROSSE Erhebt Euch, Herrn, der Hoheit ist nicht wohl.
LADY MACBETH Werte Freunde, sitzt. Mylord ist häufig so
  Und wars von klein auf: bleibt, ich bitt euch, sitzen;
  Der Anfall währt nur kurz, gedankenschnell
  Ist er gesund. Beachtet ihr ihn viel
  Reizt ihr ihn nur und fördert seinen Zustand;
  Greift zu und laßt ihn sein. – Bist du ein Mann?
MACBETH Bin ich, und Manns genug zu sehn, was bleich
  Den Teufel machen dürfte.
LADY MACBETH   O der Unfug!

This is the very painting of your feare:
This is the Ayre-drawne-Dagger which you said
Led you to *Duncan*. O, these flawes and starts
(Impostors to true feare) would well become
A womans story, at a Winters fire
Authoriz'd by her Grandam: shame it selfe,
Why do you make such faces? When all's done
You looke but on a stoole.

Macb. Prythee see there:
Behold, looke, loe, how say you:
Why what care I, if thou canst nod, speake too.
If Charnell houses, and our Graues must send
Those that we bury, backe; our Monuments
Shall be the Mawes of Kytes.

La. What? quite vnmann'd in folly.

Macb. If I stand heere, I saw him.

La. Fie for shame.

Macb. Blood hath bene shed ere now, i'th' olden time
Ere humane Statute purg'd the gentle Weale:
I, and since too, Murthers haue bene perform'd
Too terrible for the eare. The times has bene,
That when the Braines were out, the man would dye,
And there an end: But now they rise againe

With twenty mortall murthers on their crownes,
And push vs from our stooles. This is more strange
Then such a murther is.

La. My worthy Lord
Your Noble Friends do lacke you.

Macb. I do forget:

III, iv, 78-106

Das ist, was Furcht dir vormalt: ist der Luftdolch
Der, wie du glaubst, zu Duncan dich geführt.
O! Dies Gegrusel, dies Gestarre, Affen
Wahrer Furcht, sie stehen Weibern an
Wenn sie am Winterfeuer das nachschwatzen
Was sie von ihrer Oma hörten. Schandbar!
Was für Gesichter machst du? Weil, am Ende
Schaust du nur einen leeren Stuhl an.

MACBETH   Sieh doch!
Blick hin! Schau! Da! Willst du was sagen? Geht
Es mich was an? Du nickst, sehr gut, dann sprich auch. –
Wenn Beinhaus uns und Erdloch wieder senden
Was wir darin verschlossen, muß der Magen
Der Geier uns als Grabmal dienen.

LADY MACBETH   Was denn!
Ganz entmannt vom Wahn?

MACBETH   Steh ich hier? Dann
Sah ich ihn.

LADY MACBETH Pfui! Schäm dich!

MACBETH   Blut vergossen
Wurd vordem schon, in altersgrauer Zeit
Eh das Gesetz Gewalt in Schranken wies;
Ja, auch danach kam es zu Schlächtereien
Die uns das Ohr taub machen: nur war'ns Zeiten
Da starb, schlug man das Hirn ihm aus, der Mann
Und Schluß; doch heute stehn sie wieder auf
Mit zwanzig Löchern, tödlich, in den Schädeln
Und stoßen uns vom Stuhl. Das macht mehr irre
Als solch ein Mord es kann.

LADY MACBETH   Mein edler Herr
Die hohen Freunde harren.

MACBETH   Ich vergaß das. –

Do not muse at me my most worthy Friends,
I haue a strange infirmity, which is nothing
To those that know me. Come, loue and health to all,
Then Ile sit downe: Giue me some Wine, fill full:

Enter Ghost.

I drinke to th' generall ioy o'th' whole Table,
And to our deere Friend *Banquo*, whom we misse:
Would he were heere: to all, and him we thirst,
And all to all.

Lords. Our duties, and the pledge.

Mac. Auant, & quit my sight, let the earth hide thee:
    Thy bones are marrowlesse, thy blood is cold:
    Thou hast no speculation in those eyes
    Which thou dost glare with.

La. Thinke of this good Peeres
    But as a thing of Custome: 'Tis no other,
    Onely it spoyles the pleasure of the time.

Macb. What man dare, I dare:
    Approach thou like the rugged Russian Beare,
    The arm'd Rhinoceros, or th' Hircan Tiger,
    Take any shape but that, and my firme Nerues
    Shall neuer tremble. Or be aliue againe,
    And dare me to the Desart with thy Sword:
    If trembling I inhabit then, protest mee
    The Baby of a Girle. Hence horrible shadow,
    Vnreall mock'ry hence. Why so, being gone
    I am a man againe: pray you sit still.

La. You haue displac'd the mirth,
    Broke the good meeting, with most admir'd disorder.

Macb. Can such things be,
    And ouercome vs like a Summers Clowd,

Liebwerte Freunde, macht euch keinen Kopf
Um meinetwillen, ich hab da 'ne Schwäche
Die, wer mich kennt, nicht ernst nimmt. Kommt, aufs Wohl
Von allen! So, ich setze mich. – Gieß Wein ein:
Voll! Ich trink auf's Wohl der ganzen Tafel
Und unsern guten Banquo, der uns fehlt;
Wär er nur da! Doch jetzt gilt Unser Durst
Euch allen, dazu ihm, und alle Wünsche
Allen.

LORDS   Unsre Pflicht und unsre Treue.

MACBETH Hau ab! Mir aus dem Blick! Daß dich der Staub
Verschlucke! Knochen marklos, Blut schneekalt
Gebrochen ist das Auge, mit dem du
Mich anglotzt.

LADY MACBETH Davon, gute Peers, denkt nur
Wie von dem Üblichen: denn das nur ist es
Wenn es uns auch den Abendspaß verdirbt.

MACBETH Was Männer wagen, wag ich: renn mich an
Als Russlands Zottenbär, Hyrkanias Tiger
Oder als Rhinozeros, bepanzert
In jeder Form, nur der nicht, und kein Nerv
Erbebt mir: oder komm zu neuem Leben
Und ford're mich am öden Ort zum Zweikampf:
Wenn ich zittern sollte, dann erklär mich
Zum Weibsbild, zu 'nem Säugling eines Weibsbilds.
Weg, horrender Schatten! Falscher Spottgeist
Weg! Ja, so; – er ist gegangen, ich bin
Wieder Mann. – Sitzt noch, ich bitte euch.

LADY MACBETH Du hast die Lust verjagt, die schöne Feier
Brachst du mit Eifer ab.

MACBETH   Kann solch Ding kommen
Und wie Gewölk am Sommertag uns anfall'n

Without our speciall wonder? You make me strange
Euen to the disposition that I owe,
When now I thinke you can behold such sights,
And keepe the naturall Rubie of your Cheekes,
When mine is blanch'd with feare.

Rosse. What sights, my Lord?

La. I pray you speake not: he growes worse & worse
Question enrages him: at once, goodnight.
Stand not vpon the order of your going,
But go at once.

Len. Good night, and better health
Attend his Maiesty.

La. A kinde goodnight to all.   *Exit Lords.*

Macb. It will haue blood they say:
Blood will haue Blood:
Stones haue beene knowne to moue, & Trees to speake:
Augures, and vnderstood Relations, haue
By Maggot Pyes, & Choughes, & Rookes brought forth
The secret'st man of Blood. What is the night?

La. Almost at oddes with morning, which is which.

Macb. How say'st thou that *Macduff* denies his person
At our great bidding.

La. Did you send to him Sir?

Macb. I heare it by the way: But I will send:
There's not a one of them but in his house
I keepe a Seruant Feed. I will to morrow
(And betimes I will) to the weyard Sisters.
More shall they speake: for now I am bent to know
By the worst meanes, the worst, for mine owne good,
All causes shall giue way. I am in blood
Stept in so farre, that should I wade no more,

III, iv, 138-168

Und wir tun so, als wär nichts? Seh ich euch an
Frag ich mich zwar, was für ein Held ich bin
Wenn ihr mit euren roten Backen anschaut
Was meine bleicht in Furcht.

ROSSE   Was denn, Mylord?
LADY MACBETH Ich bitt Euch, sprecht nicht; er wird krank
    Fragen regt ihn auf. Drum rasch gut Nacht. [und kränker:
    Verzichtet auf das Protokoll beim Abgang
    Geht einfach.
LENOX   Gute Nacht und schnelle Bess'rung
    Eurer Hoheit!
LADY MACBETH   Gute Nacht euch allen!
MACBETH Blut will es sehen, sagt man: Blut will Blut sehn.
    's kam vor, daß Steine sprachen, Bäume liefen;
    Auguren fanden mittels tiefer Schau
    Des Flugs von Elstern, Krähen, Dohlen noch
    Den heimlichsten der Blutvergießer. Wie weit
    Ist die Nacht?
LADY MACBETH Zankt mit dem Tag, wer wer ist.
MACBETH Wie find'st du's, daß Macduff trotz unsrer Bitten
    Sich uns entzieht?
LADY MACBETH   Hast du nach ihm geschickt, Sir?
MACBETH Es kam mir so zu Ohren, doch ich schicke.
    Nicht einer ist dabei, in dessen Haus
    Ich keinen Spitzel füttre. Morgen will ich
    In aller Frühe zu den Schicksalsschwestern:
    Mehr sagen soll'n die, denn ich bin gestimmt
    Dem Schlimmen auf den Grund zu gehen schlimm.
    Mein Ziel bin ich, und um das zu erreichen
    Muß, was da quer sich legen möchte, weichen:
    In Blut steh ich so tief, daß weiter waten

Returning were as tedious as go ore:
Strange things I haue in head, that will to hand,
Which must be acted, ere they may be scand.
La. You lacke the season of all Natures, sleepe.
Macb. Come, wee'l to sleepe: My strange & self-abuse
Is the initiate feare, that wants hard vse:
We are yet but yong indeed.   *Exeunt.*

Scena Quinta.

*Thunder. Enter the three Witches, meeting
Hecat.*

1. Why how now *Hecat*, you looke angerly?

Hec. Haue I not reason (Beldams) as you are?
Sawcy, and ouer-bold, how did you dare
To Trade, and Trafficke with *Macbeth*,
In Riddles, and Affaires of death;
And I the Mistris of your Charmes,
The close contriuer of all harmes,
Was neuer call'd to beare my part,
Or shew the glory of our Art?
And which is worse, all you haue done
Hath bene but for a wayward Sonne,
Spightfull, and wrathfull, who (as others do)
Loues for his owne ends, not for you.
But make amends now: Get you gon,
And at the pit of Acheron
Meete me i'th' Morning: thither he
Will come, to know his Destinie.
Your Vessels, and your Spels prouide,

Und umkehr'n mir gleich mühselig geraten.
Was mir im Kopf umgeht, drängt in die Hand
Es will getan sein erst, danach gekannt.
LADY MACBETH Dir mangelt es am Salz des Lebens, Schlaf.
MACBETH Komm, schlafen wir. Womit mein Ich mich quält
   Ist des Novizen Furcht, dem Übung fehlt:
   Wir sind noch grün im Herrschen.

5

HEXE 1 Du nahst dich, hohe Königin.
HEXEN 2+3 Zürnst du, unsre Meisterin?
HEKATE Hab ich nicht Grund, Tollhäuslerinnen?
   Welch ein vorlaut frech Beginnen
   Macbeth zu reizen und zu hetzen
   Mit Rätseln, tödlich dunklen Sätzen
   Und mich, die Herrin eurer Kunst
   Die Wirkerin im Unheilsdunst
   Mich ruft ihr nicht zu meinem Part
   In dem sie erst sich offenbart?
   Und übler noch: ihr, wie zum Hohn
   Spielet mit 'nem schlimmen Sohn
   Der selbstisch wüst, wie viele jetzt
   Nicht euch, nur seine Zwecke schätzt.
   Schafft Besserung: macht euch davon
   Wir treffen uns am Acheron;
   Im Morgengraun, da wird er kommen
   Er hat noch nicht genug vernommen.
   Gefäße und die Sprüche bringt

Your Charmes, and euery thing beside;
I am for th' Ayre: This night Ile spend
Vnto a dismall, and a Fatall end.
Great businesse must be wrought ere Noone.
Vpon the Corner of the Moone
There hangs a vap'rous drop, profound,
Ile catch it ere it come to ground;
And that distill'd by Magicke slights,
Shall raise such Artificiall Sprights,
As by the strength of their illusion,
Shall draw him on to his Confusion.
He shall spurne Fate, scorne Death, and beare
His hopes 'boue Wisedome, Grace, and Feare:
And you all know, Security
Is Mortals cheefest Enemie.
                    Musicke, and a Song.
Hearke, I am call'd: my little Spirit see
Sits in a Foggy cloud, and stayes for me.
          Sing within. Come away, come away, &c.
1 Come, let's make hast, shee'l soone be
Backe againe.   *Exeunt.*

                    Scaena Sexta.

          Enter Lenox, and another Lord.

Lenox. My former Speeches,
    Haue but hit your Thoughts
    Which can interpret farther: Onely I say
    Things haue bin strangely borne. The gracious *Duncan*
    Was pittied of *Macbeth:* marry he was dead:
    And the right valiant *Banquo* walk'd too late,

Und alles, was den Zauber zwingt.
Ich steige auf; in dieser Nacht
Zum bitterbösen Schluß gebracht
Wird der Spuk, noch eh es tagt.
Da wo das Horn des Mondes ragt
Dort droht ein Tropfen Gift der Welt
Den fang ich auf, bevor er fällt:
Und will magisch ihn bereiten
Daß kunstvoll Geister sich verbreiten
Die ihn trügerisch beirren
Ihn tiefer locken und verwirren
Bis er, von Gier und Hoffnung toll
Nicht Furcht noch Weisheit kennen soll.
Ihr wißt: ganz der Vernunft beraubt
Ist der Mensch, der sich sicher glaubt.

Still! Man ruft: mein Winzlingsgeist
Der in der Wolke mit mir reist.

HEXE 1 Kommt, eilen wir: Sie kehrt sehr bald zurück.

6

LENOX Meine Rede grenzt an was Ihr denkt
  Das weiter geh'n mag: ich sag nur, die Dinge
  Ordnen seltsam sich. Macbeth beweint
  Den noblen Duncan: Kunststück, der ist hin.
  Und zu spät aus ging der rechtschaff'ne Banquo;
  Den schlug, könnt Ihr (beliebt's Euch) sagen, Fleance

Whom you may say (if't please you) *Fleans* kill'd,
For *Fleans* fled: Men must not walke too late.
Who cannot want the thought, how monstrous
It was for *Malcolme*, and for *Donalbane*
To kill their gracious Father? Damned Fact,
How it did greeue *Macbeth*? Did he not straight
In pious rage, the two delinquents teare,
That were the Slaues of drinke, and thralles of sleepe?
Was not that Nobly done? I, and wisely too:
For 'twould haue anger'd any heart aliue
To heare the men deny't. So that I say,
He ha's borne all things well, and I do thinke,
That had he *Duncans* Sonnes vnder his Key,
(As, and't please Heauen he shall not) they should finde
What 'twere to kill a Father: So should *Fleans*.
But peace; for from broad words, and cause he fayl'd
His presence at the Tyrants Feast, I heare
Macduffe liues in disgrace. Sir, can you tell
Where he bestowes himselfe?
Lord. The Sonnes of *Duncane*
(From whom this Tyrant holds the due of Birth)
Liues in the English Court, and is receyu'd
Of the most Pious *Edward*, with such grace,
That the maleuolence of Fortune, nothing
Takes from his high respect. Thither *Macduffe*
Is gone, to pray the Holy King, vpon his ayd
To wake Northumberland, and warlike *Seyward*,
That by the helpe of these (with him aboue)
To ratifie the Worke) we may againe
Giue to our Tables meate, sleepe to our Nights:
Free from our Feasts, and Banquets bloody kniues;
Do faithfull Homage, and receiue free Honors,

Denn Fleance floh. Kein Vater darf spät ausgehn.
Wer dächte nicht bei sich, daß es monströs
Von Malcolm war, und gar von Donalbain
Den zärtlichen Erzeuger abzustechen?
Verfluchte Tat! Wie traf sie nicht Macbeth!
Schlug er nicht stracks die beiden Schuld'gen tot
In frommem Zorn, die Säufer, die verschlaf'nen?
War das nicht hoch getan? Doch wohl, und weislich:
Denn anzuhören, wie sie's leugnen, hätte
Jedwedes Männerherz ergrimmt. Drum, sag ich
Er ordnet alles gut: und denke mir
Daß, hätt er Duncans Söhne unterm Daumen
(Was, geb's der Himmel, nicht geschehen möge)
Sie lernten, was es heißt, den Vater morden
So auch Fleance. Doch genug! Ich höre
Durch off'ne Worte, und weil er gefehlt
Bei des Thronräubers Feier, fiel Macduff
In Ungnade. Sir, könnt Ihr sagen, wo
Er sich aufhält?
LORD   Duncans ält'ster Sohn
Dem der Tyrann das Erstgeburtsrecht kürzt
Lebt am Hof von England, und ihn nahm
Der gottesfürcht'ge Edward huldvoll auf
So daß sein böses Schicksal seinem Ansehn
Mitnichten schadet. Dorthin geht Macduff
Den heil'gen König anzuflehn, aufrufen
Mög er den heldenhaften Siward, Graf
Von Northumbria, daß wir mit seiner Hilfe
(Und Ihm, der unser Werk muß gegenzeichnen)
Neu Fleisch dem Tisch und Schlaf der Nacht beschaffen
Nicht fürchten müssen Menschenblut an Messern
Loyal sein dürfen und dafür geachtet

All which we pine for now. And this report
Hath so exasperate their King, that hee
Prepares for some attempt of Warre.

Len. Sent he to *Macduffe*?

Lord. He did: and with an absolute Sir, not I
The clowdy Messenger turnes me his backe,
And hums; as who should say, you'l rue the time
That clogges me with this Answer.

Lenox. And that well might
Aduise him to a Caution, t' hold what distance
His wisedome can prouide. Some holy Angell
Flye to the Court of England, and vnfold
His Message ere he come, that a swift blessing
May soone returne to this our suffering Country,
Vnder a hand accurs'd.

Lord. Ile send my Prayers with him.   *Exeunt*

Was wir nicht haben jetzt. Und das zu hören
Hat den König derart aufgeregt
Daß er auf Krieg sinnt.

LENOX   Schickt' er nach Macduff?

LORD Er wollte es, doch mit 'nem knappen »Sir
Nicht mich« kehrt mir der Reiter kühl den Rücken
Und schnaubt, als wollt er sagen, »Leid tun wird's Euch
Straft ihr mich für die Antwort.«

LENOX   Und ihm rät das
Nur klüglich so viel Abstand einzuhalten
Als er vermag. Ein Engel Gottes fliege
Ihm voraus zu Englands Hof und künde
Eh er eintrifft, seine Botschaft, auf daß
Segen unserm sehr mißbrauchten Land
Rasch wiederkehrt!

LORD   All mein Gebet mit ihm.

Actus Quartus. Scena Prima.

Thunder. Enter the three Witches.

1 Thrice the brinded Cat hath mew'd.
2 Thrice, and once the Hedge-Pigge whin'd.
3 Harpier cries, 'tis time, 'tis time.
1 Round about the Caldron go:
   In the poysond Entrailes throw
   Toad, that vnder cold stone,
   Dayes and Nights, ha's thirty one:
   Sweltred Venom sleeping got,
   Boyle thou first i'th' charmed pot.
All. Double, double, toile and trouble;
   Fire burne, and Cauldron bubble.
2 Fillet of a Fenny Snake,
   In the Cauldron boyle and bake:
   Eye of Newt, and Toe of Frogge,
   Wooll of Bat, and Tongue of Dogge:
   Adders Forke, and Blinde-wormes Sting,
   Lizards legge, and Howlets wing:
   For a Charme of powrefull trouble,
   Like a Hell-broth, boyle and bubble.
All. Double, double, toyle and trouble,
   Fire burne, and Cauldron bubble.
3 Scale of Dragon, Tooth of Wolfe,
   Witches Mummey, Maw, and Gulfe
   Of the rauin'd salt Sea sharke:
   Roote of Hemlocke, digg'd i'th' darke:
   Liuer of Blaspheming Iew,
   Gall of Goate, and Slippes of Yew,

HEXE 1 Drei Miaus der Tigerkatze.

HEXE 2 Drei und eins der Igel pfiff.

HEXE 3 Harpyie krächzt: 's ist Zeit, 's ist Zeit.

HEXE 1 Um den Kessel müßt ihr kreisen
Hexenwürze in ihn schmeißen:
Kröte, die nach einunddreißig
Nächten unterm feuchten Stein
Dösend ganz von Giftschleim schweißig
Dich koch ich als erstes ein.

ALLE Noch und noch mehr Mühe doch:
Feuer, brenn und Kessel, koch.

HEXE 2 Filet der Schlange aus dem Moor
Hier im Kessel brat und schmor;
Giftmolchauge, Froschgebein
Fell der Fledermaus hinein
Natternforke, Wurmgeschlinge
Eidechsschwanz und Eulenschwinge
Brodelt in dem Höllenbrei
Daß der Zauber mächtig sei.

ALLE Noch und noch mehr Mühe doch:
Feuer, brenn und Kessel, koch.

HEXE 3 Drachenschuppe, Wolfeszahn
Mumiendreck muß auch daran;
Haifischrachen, Haifischkutteln
Schierlingswurz, bei Nacht zu buddeln
Judenleber, gottvergessen
Galle, die den Bock besessen
Eibenrinde, abgeschält

Sliuer'd in the Moones Ecclipse:
Nose of Turke, and Tartars lips:
Finger of Birth-strangled Babe,
Ditch-deliuer'd by a Drab,
Make the Grewell thicke, and slab.
Adde thereto a Tigers Chawdron,
For th' Ingredience of our Cawdron.

All. Double, double, toyle and trouble,
    Fire burne, and Cauldron bubble.
2 Coole it with a Baboones blood,
    Then the Charme is firme and good.
          Enter Hecat, and the other three Witches.
Hec. O well done: I commend your paines,
    And euery one shall share i'th' gaines:
    And now about the Cauldron sing
    Like Elues and Fairies in a Ring,
    Inchanting all that you put in.

       Musicke and a Song. Blacke Spirits, &c.
2 By the pricking of my Thumbes,
    Something wicked this way comes:
    Open Lockes, who euer knockes.

          Enter Macbeth.
Macb. How now you secret, black, & midnight Hags?
    What is't you do?
All. A deed without a name.
Macb. I coniure you, by that which you Professe,
    (How ere you come to know it) answer me:
    Though you vntye the Windes, and let them fight
    Against the Churches: Though the yesty Waues

Wenn der Mond sein Licht verhehlt
Türkennas, Maul des Tartaren
Müssen in dem Kessel garen;
Finger des im Straßengraben
Geworfnen und erwürgten Knaben
Will der Sud zum Dicken haben;
Dazu Tigerinnerein
Soll'n des Kessels Inhalt sein.
ALLE Noch und noch mehr Mühe doch:
Feuer, brenn und Kessel, koch.
HEXE 1 Kühlt das nun mit Affenblut:
Dann ist der Zauber stark und gut.

HEKATE O, das ist euch fein geraten!
Lohn winkt euren Zaubertaten.
Bildet nun den Hexenreigen
Um den Kessel tanzt und singt
Wenn ihr wie Elf und Feenvolk springt
Wird seine Kraft sich mächtig zeigen.
Lied.
HEXE 2 Wie's mich in den Daumen jückt
Kommt was Übles angerückt:
Riegel, auf geht
Wer immer da steht.

MACBETH Na, ihr schwarzen Mitternachtsmatronen!
Was macht ihr da?
ALLE   Das, was kein Name nennt.
MACBETH Ich beschwöre euch bei eurem Treiben
Ganz gleich woher ihr's nehmt, antwortet mir:
Entfessel die vier Winde für den Krieg
Mit Kirchturmspitzen, macht, daß Riesenwogen

Confound and swallow Nauigation vp:
Though bladed Corne be lodg'd, & Trees blown downe,
Though Castles topple on their Warders heads:
Though Pallaces, and Pyramids do slope
Their heads to their Foundations: Though the treasure
Of Natures Germaine, tumble altogether,
Euen till destruction sicken: Answer me
To what I aske you.

1 Speake.
2 Demand.
3 Wee'l answer.
1 Say, if th'hadst rather heare it from our mouthes,
Or from our Masters.

Macb. Call 'em: let me see 'em.
1 Powre in Sowes blood, that hath eaten
Her nine Farrow: Greaze that's sweaten
From the Murderers Gibbet, throw
Into the Flame.

All. Come high or low:
Thy Selfe and Office deaftly show.　　　　　　　*Thunder.*

　　　　　　　　　　　1. Apparation, an Armed Head.

Macb. Tell me, thou vnknowne power.
1 He knowes thy thought:
Heare his speech, but say thou nought.
1 *Appar. Macbeth, Macbeth, Macbeth:*
Beware *Macduffe,*
Beware the Thane of Fife: dismisse me. Enough.

　　　　　　　　　　　　　　　　He Descends.

Macb. What ere thou art, for thy good caution, thanks
Thou hast harp'd my feare aright. But one word more.
1 He will not be commanded: heere's another

Alle Seefahrt irren und verschlingen;
Knickt die Ernten und entwurzelt Wälder;
Laßt Burgen krachen auf behelmte Schädel
Paläste, Pyramiden mit den Spitzen
Die Fundamente küssen, stürzt den Bau
Der innersten Natur so ganz in Trümmer
Daß selbst Vernichtung lahmt, nur gebt mir Antwort
Auf meine Fragen.

HEXE 1   Sprich.
HEXE 2   Frag.
HEXE 3   Wir antworten.
HEXE 1   Sag, hörst du aus unserm Mund es oder
   Von den Meistern?
MACBETH   Ruft sie; will sie sehen.
HEXE 1   Blut der Sau, die ihre neun
   Ferkel fraß, Erguß den ein
   Mörder galgenzappelnd ließ
   Auf die Glut.
ALLE   Kommt, groß und klein;
   Zeigt euch und was man euch wies.

Erscheinung 1: Ein behelmtes Haupt.

MACBETH   Sag, fremdes Bild –
HEXE 1   Es weiß die Frage:
   Hör sein Wort und kein Wort sage.
ERSCHEINUNG 1   Macbeth! Macbeth! Macbeth!
   Vor Macduff bewahre dich
   Vorm Graf von Fife. – Nicht mehr sag ich.

MACBETH   Was du auch bist, ich dank dir für die Warnung:
   Sie traf den Punkt der Furcht. – Nur ein Wort noch –
HEXE 1   Ihm ist nicht zu befehlen. Hier der nächste

More potter then the first. *Thunder.*

2 Apparition, a Bloody Childe.

2 *Appar.* Macbeth, Macbeth, Macbeth.
Macb. Had I three eares, Il'd heare thee.
2 *Appar.* Be bloody, bold, & resolute:
Laugh to scorne
The powre of man: For none of woman borne
Shall harme *Macbeth.*   *Descends.*
Mac. Then liue *Macduffe:* what need I feare of thee?
But yet Ile make assurance: double sure,
And take a Bond of Fate: thou shalt not liue,
That I may tell pale-hearted Feare, it lies;
And sleepe in spight of Thunder.   *Thunder*

3 Apparation, a Childe Crowned, with a Tree in his hand.

What is this, that rises like the issue of a King,
And weares vpon his Baby-brow, the round
And top of Soueraignty?
All. Listen, but speake not too't.
3 *Appar.* Be Lyon metled, proud, and take no care:
Who chafes, who frets, or where Conspirers are:
Macbeth shall neuer vanquish'd be, vntill
Great Byrnam Wood, to high Dunsmane Hill
Shall come against him.   *Descend.*
Macb. That will neuer bee:
Who can impresse the Forrest, bid the Tree
Vnfixe his earth-bound Root? Sweet boadments, good:
Rebellious dead, rise neuer till the Wood
Of Byrnan rise, and our high plac'd *Macbeth*
Shall liue the Lease of Nature, pay his breath
To time, and mortall Custome. Yet my Hart

IV, i, 90-119

Potenter als der erste.

Erscheinung 2: Ein blutiges Kind

ERSCHEINUNG 2 Macbeth! Macbeth! Macbeth!
MACBETH Hätt ich drei Ohren, jedes hätt's gehört
ERSCHEINUNG 2 Sei blutig kühn, hohnlache groß
    Der Menschenkraft: kein Mann aus Weibes Schoß
    Besiegt Macbeth.

MACBETH Stirb alt, Macduff: was hab ich dich zu fürchten?
    Doch besser sichre ich mich doppelt ab
    Und schnapp ein Pfand des Schicksals mir: stirb nicht alt
    Daß ich der blaßbeherzten Furcht »Du lügst«
    Entgegnen kann und auch wenn's donnert, schlafen.

Erscheinung 3: Ein gekröntes Kind, in der Hand einen Zweig

    Was ist das, was da naht wie Königssamen
    Und um die Stirne kindlich schon das Rund trägt
    Der höchsten Macht?
ALLE   Hör, aber red's nicht an.
ERSCHEINUNG 3 Sei löwenherzig stolz, 's hat keine Not:
    Wer immer schnaubt und schäumt und droht
    Macbeth wird nicht gestürzt, bis gegen ihn
    Nach Dunsinane die Bäume Birnams ziehn.

                                              [an?
MACBETH Und das wird nie sein: denn wer wirbt den Wald
    Wer sagt dem Stamm, vom Grund reiß deinen Halt?
    Herrlicher Spruch! Ihr neid'schen Toten, steht
    Nicht auf, bevor nicht Birnams Forst aufsteht;
    Und der Macbeth, der eure Köpfe tritt
    Wird leben, bis Natur spricht »Wir sind quitt
    Die Zeit ist um, nun stirb«. – Nur eins ist noch

Throbs to know one thing: Tell me, if your Art
Can tell so much: Shall *Banquo's* issue euer
Reigne in this Kingdome?

All. Seeke to know no more.

Macb. I will be satisfied. Deny me this,
And an eternall Curse fall on you: Let me know.
Why sinkes that Caldron? & what noise is this?   *Hoboyes*

1 Shew.

2 Shew.

3 Shew.

All. Shew his Eyes, and greeue his Hart,
Come like shadowes, so depart.

> *A shew of eight Kings, and Banquo last, with a glasse*
> *in his hand.*

Macb. Thou art too like the Spirit of *Banquo:* Down:
Thy Crowne do's seare mine Eye-bals. And thy haire
Thou other Gold-bound-brow, is like the first:
A third, is like the former. Filthy Hagges,
Why do you shew me this? – A fourth? Start eyes!
What will the Line stretch out to'th' cracke of Doome?
Another yet? A seauenth? Ile see no more:
And yet the eighth appeares, who beares a glasse,
Which shewes me many more: and some I see,
That two-fold Balles, and trebble Scepters carry.
Horrible sight: Now I see 'tis true,
For the Blood-bolter'd *Banquo* smiles vpon me,
And points at them for his. What? is this so?

1 I Sir, all this is so. But why
Stands *Macbeth* thus amazedly?
Come Sisters, cheere we vp his sprights,
And shew the best of our delights.

Um das mein Herz mir unruhig klopft: sagt doch
(Wenn's eure Kunst vermag) wird Banquos Nachwuchs
Je dieses Reich regier'n?
ALLE   Du frage nichts mehr.
MACBETH Ich muß es hören: weist mich hierin ab
Und seid verflucht auf ewig! Wollt ihr wohl. —
Warum versinkt der Kessel? Welch ein Lärm?
HEXE 1 Zeigt's ihm!
HEXE 2 Zeigt's ihm!
HEXE 3 Zeigt's ihm!
ALLE Zeigt's seinem Auge, drückt das Herz ihm ab:
Wie Schatten naht, wie Schatten geht hinab.

Acht Könige, von denen der letzte einen Spiegel trägt. Banquo.

MACBETH Zu ähnlich bist du Banquos Geist: hinunter!
Dein Kronreif blendet mich! Und dein Haar, zweite
Goldumringte Stirn, gleicht dem der ersten
Die dritte wie die frühern: Hexenpack!
Was mir soll das? Ein vierter? Augen, schießt
Aus euren Höhlen! Was? Erstreckt die Reihe
Sich bis zum Jüngsten Tag? Noch einer? Sieben?
Ich sehe nicht mehr hin. Und Nummer acht
Erscheint, und er trägt einen Spiegel
Der mir noch viele zeigt, und manche seh ich
Mit goldnen Doppeläpfeln, Szeptern dreifach.
Schreckensanblick ! Jetzt seh ich, 's ist wahr
Denn Banquo lächelt blutbemalt mich an
Und zeigt auf sie als Seines. Was! So wird es?
HEXE 1 Ja, Sir, alles wird so: doch warum
Steht Macbeth verstört herum?
Kommt, Schwestern, heitern wir ihn auf
Laßt unsern Freuden freien Lauf.

Ile Charme the Ayre to giue a sound,
While you performe your Antique round:
That this great King may kindly say,
Our duties, did his welcome pay.   *Musicke.*

The Witches Dance, and vanish.

Macb. Where are they? Gone?
Let this pernitious houre,
Stand aye accursed in the Kalender.
Come in, without there.   *Enter Lenox.*

Lenox. What's your Graces will.

Macb. Saw you the Weyard Sisters?

Lenox. No my Lord.

Macb. Came they not by you?

Lenox. No indeed my Lord.

Macb. Infected be the Ayre whereon they ride,
And damn'd all those that trust them. I did heare
The gallopping of Horse. Who was't came by?

Len. 'Tis two or three my Lord, that bring you word:
Macduff is fled to England.

Macb. Fled to England?

Len. I, my good Lord.

Macb. Time, thou anticipat'st my dread exploits:
The flighty purpose neuer is o're-tooke
Vnlesse the deed go with it. From this moment,
The very firstlings of my heart shall be
The firstlings of my hand. And euen now
To Crown my thoughts with Acts: be it thoght & done:
The Castle of *Macduff*, I will surprize.
Seize vpon Fife; giue to th' edge o'th' Sword
His Wife, his Babes, and all vnfortunate Soules
That trace him in his Line. No boasting like a Foole,
This deed Ile do, before this purpose coole,

Ich will die Luft zum Klingen bringen
Derweil wir alte Kreise springen;
Der große König soll nicht sagen
Er habe Grund, sich zu beklagen.

MACBETH Wo sind sie? Weg! − Laßt die verfluchte Stunde
In den Kalendern schwärzen!
Herein, da draußen!

LENOX   Was befiehlt Eu'r Gnaden?
MACBETH Sahst du die Schlimmen Schwestern?
LENOX   Nein, Mylord.
MACBETH Bei dir kam nichts vorbei?
LENOX   Nein, nichts, Mylord.
MACBETH Vergiftet sei die Luft, auf der sie reiten;
Verdammt, wer ihnen traut! Ich hörte Hufschlag:
Wer kam?
LENOX   Zwei oder drei Berittne, Herr
Mit Nachricht, daß Macduff nach England floh.
MACBETH Macduff. Nach England?
LENOX   Ja, mein edler Herr.
MACBETH Zeit, du weißt vor mir, was ich im Schild führ:
Wird's nicht so fix getan, wie es gedacht wird
Wird's nie getan. Von nun an, Hand, lieg gleichauf
Mit dem Kopf, und krönt das Tun das Denken
Denk ich beim Tun: Macduffs Haus fall ich an
Enteigne Fife, beehre mit 'nem Schwerthieb
Sein Weib, die Kleinen, all die armen Seelen
Seiner Sippe. Narr, der ins Prahlen kam
Komm du ins Tun, bevor dein Vorsatz lahm:
Schluß mit Erscheinungen! − Komm, wo sind
Die Herren? Bring mich hin.

But no more sights. Where are these Gentlemen?
Come bring me where they are.   *Exeunt*

Scena Secunda.

Enter Macduffes Wife, her Son, and Rosse.

Wife. What had he done, to make him fly the Land?

Rosse. You must haue patience Madam.
Wife. He had none:
   His flight was madnesse: when our Actions do not,
   Our feares do make vs Traitors.
Rosse. You know not
   Whether it was his wisedome, or his feare.
Wife. Wisedom? to leaue his wife, to leaue his Babes,
   His Mansion, and his Titles, in a place
   From whence himselfe do's flye? He loues vs not,
   He wants the naturall touch. For the poore Wren
   (The most diminitiue of Birds) will fight,
   Her yong ones in her Nest, against the Owle:
   All is the Feare, and nothing is the Loue;
   As little is the Wisedome, where the flight
   So runnes against all reason.
Rosse. My deerest Cooz,
   I pray you schoole your selfe. But for your Husband,
   He is Noble, Wise, Iudicious, and best knowes
   The fits o'th' Season. I dare not speake much further,
   But cruell are the times, when we are Traitors
   And do not know our selues: when we hold Rumor
   From what we feare, yet know not what we feare,
   But floate vpon a wilde and violent Sea

2

LADY MACDUFF Was tat er denn, das ihn zum Flüchtling
   machte?
ROSSE Madam, habt Geduld.
LADY MACDUFF   Er hatte keine:
   Die Flucht war Wahnsinn. Wo nicht unser Handeln
   Macht Furcht uns zu Verrätern.
ROSSE   Ihr ermeßt nicht
   Ob's seine Furcht war oder seine Umsicht.
LADY MACDUFF Umsicht! Frau und Kinder, Haus und Titel
   An dem Ort zu lassen, den man flieht?
   Er liebt uns nicht, er handelt unnatürlich:
   Der Zaunkönig, der winzigste der Vögel
   Kämpft, naht die Eule sich, um seine Jungen.
   Die Furcht gilt alles und nichts gilt die Liebe;
   Gleich wenig gilt die Umsicht, wo die Flucht
   So wider die Vernunft geht.

ROSSE   Liebe Base
   Bitte wahrt die Fassung: Euer Gatte
   Ist edel, klug, denkt klar und sieht wie keiner
   Den schiefen Gang der Dinge. Mehr zu sagen
   Wag ich nicht: doch schlimme Zeiten sind's
   Wenn wir unwillentlich Verräter werden
   Weil uns ein Wispern Furcht einjagt, wir aber
   Nicht wissen, was wir fürchten müssen, nur

Each way, and moue. I take my leaue of you:
Shall not be long but Ile be heere againe:
Things at the worst will cease, or else climbe vpward,
To what they were before. My pretty Cosine,
Blessing vpon you.

Wife. Father'd he is,
And yet hee's Father-lesse.

Rosse. I am so much a Foole, should I stay longer
It would be my disgrace, and your discomfort.
I take my leaue at once.   *Exit Rosse.*

Wife. Sirra, your Fathers dead,
And what will you do now? How will you liue?

Son. As Birds do Mother.

Wife. What with Wormes, and Flyes?

Son. With what I get I meane, and so do they.

Wife. Poore Bird,
Thou'dst neuer Feare the Net, nor Lime,
The Pitfall, nor the Gin.

Son. Why should I Mother?
Poore Birds they are not set for:
My Father is not dead for all your saying.

Wife. Yes, he is dead:
How wilt thou do for a Father?

Son. Nay how will you do for a Husband?

Wife. Why I can buy me twenty at any Market.

Son. Then you'l by 'em to sell againe.

Wife. Thou speak'st withall thy wit,
And yet I'faith with wit enough for thee.

Son. Was my Father a Traitor, Mother?

Wife. I, that he was.

Treiben wie in aufgewühlter See,
Hierin, dorthin. – Ich muß euch verlassen:
Nicht lange und ich bin erneut zur Stelle.
Steht erst das Rad ganz unten, dreht es sich
Von da an aufwärts. – Segen dir, mein Großer!
LADY MACDUFF Bevatert wird er, der doch vaterlos ist.

ROSSE Ich bin so ein Narr, daß, bleib ich länger
Es mich beschämen, euch befremden muß:
Besser schnell gehn.
LADY MACDUFF   Euch, kleiner Sir, verstarb
Der Vater: und was nun? Wie wollt Ihr leben?
SOHN Wie die Vögel, Mutter.
LADY MACDUFF   Was, von Wurm und Fliege?
SOHN Von was ich schnappe, mein ich; so wie sie's tun.
LADY MACDUFF Armer Vogel! Dich schert weder Netz
Noch Leim, noch Schlinge.

SOHN   Nein, warum auch, Mutter?
Gerupften Vögeln stellt man keine Fallen.
Und sagt Ihr's noch so oft, mir starb kein Vater.
LADY MACDUFF Ja, er starb, woher nimmst du den nächsten?

SOHN Nun, woher nehmt denn Ihr den nächsten Gatten?
LADY MACDUFF Ich kann auf jedem Markt mir zwanzig kaufen.
SOHN Dann kauft Ihr sie für einen Ausverkauf.
LADY MACDUFF Du sprichst, wie du's verstehst; und für dein
Verstehst du's gut genug.   [Alter
SOHN   Sag, war mein Vater
Ein Verräter, Mutter?
LADY MACDUFF   Ja, das war er.

Son. What is a Traitor?
Wife. Why one that sweares, and lyes.

Son. And be all Traitors, that do so.

Wife. Euery one that do's so, is a Traitor,
   And must be hang'd.
Son. And must they all be hang'd, that swear and lye?
Wife. Euery one.
Son. Who must hang them?
Wife. Why, the honest men.

Son. Then the Liars and Swearers are Fools: for there
   are Lyars and Swearers enow, to beate the honest men,
   and hang vp them.
Wife. Now God helpe thee, poore Monkie:
   But how wilt thou do for a Father?
Son. If he were dead, youl'd weepe for him: if you
   would not, it were a good signe, that I should quickely
   haue a new Father.
Wife. Poore pratler, how thou talk'st?

Enter a Messenger.
Mes. Blesse you faire Dame: I am not to you known,
   Though in your state of Honor I am perfect;
   I doubt some danger do's approach you neerely.
   If you will take a homely mans aduice,
   Be not found heere: Hence with your little ones
   To fright you thus. Me thinkes I am too sauage:
   To do worse to you, were fell Cruelty,
   Which is too nie your person. Heauen preserue you,
   I dare abide no longer.   *Exit Messenger*

SOHN Was ist das, ein Verräter?

LADY MACDUFF   Wer was schwört
    Und es nicht hält.

SOHN   Ist jeder ein Verräter
    Der das macht?

LADY MACDUFF   Ein jeder, der das macht
    Ist ein Verräter und gehört gehängt.

SOHN Gehängt gehört, wer schwört und es nicht hält?

LADY MACDUFF Ausnahmslos.

SOHN   Wer soll ihn hängen?

LADY MACDUFF   Wer?
    Die ehrlichen Leute.

SOHN Dann sind alle Schwörer und Nichthalter dumm;
    denn es gibt Schwörer und Nichthalter genug, um die
    ehrlichen Leute zu hauen und sie zu hängen.

LADY MACDUFF Gott steh dir bei, armes Äffchen! Aber wo-
    her nimmst du einen Vater?

SOHN Wär er tot, würdet Ihr weinen: weint Ihr nicht, ist
    das ein gutes Zeichen, daß ich bald einen neuen Vater
    kriege.

LADY MACDUFF Mein armes Plappermäulchen, was du re-
    dest!

MANN Segen mit Euch, schöne Dame! Ich
    Bin Euch fremd, doch weiß ich, wer Ihr seid.
    Ich fürchte, Ihr schwebt in Gefahr: wollt Ihr
    Von einem braven Mann Euch raten lassen
    Dann sucht das Weite, lauft, mit Euren Kleinen!
    Erschreck ich Euch, verzeiht mir meine Grobheit
    Denn Gröberes ist unterwegs zu Euch.
    Der Himmel steh Euch bei! Ich kann es nicht.

Wife. Whether should I flye?
   I haue done no harme. But I remember now
   I am in this earthly world: where to do harme
   Is often laudable, to do good sometime
   Accounted dangerous folly. Why then (alas)
   Do I put vp that womanly defence,
   To say I haue done no harme?
   What are these faces?

Enter Murtherers.

Mur. Where is your Husband?
Wife. I hope in no place so vnsanctified,
   Where such as thou may'st finde him.
Mur. He's a Traitor.
Son. Thou ly'st thou shagge-ear'd Villaine.
Mur. What you Egge?
   Yong fry of Treachery?
Son. He ha's kill'd me Mother,
   Run away I pray you.   *Exit crying Murther.*

Scaena Tertia.

Enter Malcolme and Macduffe.

Mal. Let vs seeke out some desolate shade, & there
   Weepe our sad bosomes empty.
Macd. Let vs rather
   Hold fast the mortall Sword: and like good men,
   Bestride our downfall Birthdome: each new Morne,
   New Widdowes howle, new Orphans cry, new sorowes
   Strike heauen on the face, that it resounds
   As if it felt with Scotland, and yell'd out
   Like Syllable of Dolour.

LADY MACDUFF Wo soll ich hinfliehn? Auch tat ich nichts
   Doch ich vergaß, dies ist die Diesseitswelt   [Böses.
   Wo Böses tun oft lobenswert erscheint
   Und Gutes tun oft närrisch und gefährlich:
   Was hilft es also, wenn ich weibisch rufe
   Ich tat nichts Böses? Was blickt da mich an?

MÖRDER 1 Wo ist dein Mann?
LADY MACDUFF An keinem Ort so heillos, will ich hoffen
   Daß wer wie du ihn findet.
MÖRDER 2   Den Verräter.
SOHN Ungewaschner Lügner!
MÖRDER 2   Was, du Ei!
   Verräterbrut!
SOHN   Er hat mich tot gemacht:
   Mutter, renn weg, bitte!

3

MALCOLM Kommt mit, wo Sonne hin nicht scheint, und da
   Laßt alle Dämme in der Brust uns brechen.
MACDUFF Laßt besser uns das Schwert der Rache fassen
   Und männlich die gesunk'ne Heimat stützen.
   Kein neuer Tag, der nicht die Klage hört
   Von neuen Witwen, das Geschrei von neuen
   Waisen; immer neues Elend schlägt
   An des Himmels Antlitz, daß er gellend
   Als fühlte er mit Schottland, widerhallt

Mal. What I beleeue, Ile waile;
  What know, beleeue; and what I can redresse,
  As I shall finde the time to friend: I wil.
  What you haue spoke, it may be so perchance.
  This Tyrant, whose sole name blisters our tongues,
  Was once thought honest: you haue lou'd him well,
  He hath not touch'd you yet. I am yong, but something
  You may discerne of him through me, and wisedome
  To offer vp a weake, poore innocent Lambe
  T'appease an angry God.
Macd. I am not treacherous.
Malc. But *Macbeth* is.
  A good and vertuous Nature may recoyle
  In an Imperiall charge. But I shall craue your pardon:
  That which you are, my thoughts cannot transpose;
  Angels are bright still, though the brightest fell.
  Though all things foule, would wear the brows of grace
  Yet Grace must still looke so.
Macd. I haue lost my Hopes.
Malc. Perchance euen there
  Where I did finde my doubts.
  Why in that rawnesse left you Wife, and Childe?
  Those precious Motiues, those strong knots of Loue,
  Without leaue-taking. I pray you,
  Let not my Iealousies, be your Dishonors,
  But mine owne Safeties: you may be rightly iust,
  What euer I shall thinke.

Macd. Bleed, bleed poore Country,
  Great Tyrrany, lay thou thy basis sure,
  For goodnesse dare not check thee: wear y^u thy wrongs,

Von jedem Schmerzenslaut.

MALCOLM   Beklagen will ich
    Was ich glaube; glauben, was ich weiß;
    Und will, hab ich die Zeit zur Freundin, lindern
    Wo ich's vermag. Was Ihr da sprecht, mag wahr sein.
    Der Machtmensch, den auch nur zu nennen uns
    Die Zunge eitern läßt, galt einst als ehrlich:
    Euch, der ihn liebte, hat er noch verschont.
    Bei ihm bin ich, so jung ich bin, Euch nützlich:
    Das Opfer eines schuldlos schwachen Lamms
    Besänftigt Götterzorn.

MACDUFF   Ich bin nicht treulos.

MALCOLM Nur: Macbeth ist es. Wer von Natur
    Loyal und aufrecht ist, er beugt sich eben
    Weil er es ist, dem Wort der Macht. Verzeiht mir
    Mein Denken formt das, was Ihr seid, nicht um:
    Den Glanz der Engel trübte nicht der Sturz
    Des glänzendsten: schminkt sich auch Schlimmes schön
    Bleibt schön doch schön.

MACDUFF   Wo bist du, meine Hoffnung?

MALCOLM Vielleicht ja da, woher mein Zweifel stammt.
    Wie kann es angeh'n, daß Ihr Frau und Kinder
    Die besten aller guten Aufstandsgründe
    (Denn Liebe knüpft den Knoten, der uns bindet)
    So abschiedslos der Wildnis überlaßt?
    Ich bitte Euch, seht meine Sorge nicht
    Als Eure Kränkung, bloß als meinen Schutz an.
    Dient Ihr der gerechten Sache, was ich
    Auch denken mag.

MACDUFF   Verblute, armes Land!
    Despotie, leg deine Fundamente
    Denn Bravheit läßt dich machen! Stell du ruhig

The Title, is affear'd. Far thee well Lord,
I would not be the Villaine that thou think'st,
For the whole Space that's in the Tyrants Graspe,
And the rich East to boot.

Mal. Be not offended:
I speake not as in absolute feare of you:
I thinke our Country sinkes beneath the yoake,
It weepes, it bleeds, and each new day a gash
Is added to her wounds. I thinke withall,
There would be hands vplifted in my right:
And heere from gracious England haue I offer
Of goodly thousands. But for all this,
When I shall treade vpon the Tyrants head,
Or weare it on my Sword; yet my poore Country
Shall haue more vices then it had before,
More suffer, and more sundry wayes then euer,
By him that shall succeede.
Macd. What should he be?
Mal. It is my selfe I meane: in whom I know
All the particulars of Vice so grafted,
That when they shall be open'd, blacke *Macbeth*
Will seeme as pure as Snow, and the poore State
Esteeme him as a Lambe, being compar'd
With my confinelesse harmes.
Macd. Not in the Legions
Of horrid Hell, can come a Diuell more damn'd
In euils, to top *Macbeth*.
Mal. I grant him Bloody,
Luxurious, Auaricious, False, Deceitfull,
Sodaine, Malicious, smacking of euery sinne
That ha's a name. But there's no bottome, none

Deinen Raub zur Schau, dein Titel wird
Nicht angefochten! Herr, gehab dich wohl:
Der Schuft, der ich dir bin, mag ich nicht sein
Nicht um den Raum, den der Tyrann im Griff hat
Noch um das Gold des Ostens.

MALCOLM   Nehmt nicht übel:
Ich spreche nicht aus Furcht vor Euch allein.
Ich denke, unser Land fällt unterm Joch;
Es weint, es blutet; jeder neue Tag
Mehrt seine Wunden: ferner denke ich
Es würden für mein Recht sich Hände heben;
Hier bietet Englands frommer König mir
Tausende von Helden an: und doch
Zerträte ich das Haupt der Schlange, oder
Trüg's auf meinem Schwert, mein armes Land
Erkrankte nur noch schwerer als zuvor
Und litte mehr, und auf noch andre Weise
Durch ihn der folgt.

MACDUFF   Wer soll das sein?

MALCOLM   Ich selbst.
Mich meine ich, der solche Übel heckt
Daß, brechen sie hervor, Macbeth, der schwarze
Weiß scheint wie Schnee, und das geplagte Reich
In ihm das Lamm erblickt, vergleicht es ihn
Dem Unmaß meiner Bosheit.

MACDUFF   Nicht die Heerschar
Der Hölle böte einen Teufel auf
Schlimmer als Macbeth.

MALCOLM   Wohl ist er blutig
Lüstern, geizig, falsch, meineidig, unstet
Mit allen Sünden überfleckt, für die es
Namen gibt; doch keine Grenze, keine

In my Voluptuousnesse: Your Wiues, your Daughters,
Your Matrons, and your Maides, could not fill vp
The Cesterne of my Lust, and my Desire
All continent Impediments would ore-beare
That did oppose my will. Better *Macbeth*,
Then such an one to reigne.

Macd. Boundlesse intemperance
In Nature is a Tyranny: It hath beene
Th' vntimely emptying of the happy Throne,
And fall of many Kings. But feare not yet
To take vpon you what is yours: you may
Conuey your pleasures in a spacious plenty,
And yet seeme cold. The time you may so hoodwinke:
We haue willing Dames enough: there cannot be
That Vulture in you, to deuoure so many
As will to Greatnesse dedicate themselues,
Finding it so inclinde.

Mal. With this, there growes
In my most ill-compos'd Affection, such
A stanchlesse Auarice, that were I King,
I should cut off the Nobles for their Lands,
Desire his Iewels, and this others House,
And my more-hauing, would be as a Sawce
To make me hunger more, that I should forge
Quarrels vniust against the Good and Loyall,
Destroying them for wealth.

Macd. This Auarice
stickes deeper: growes with more pernicious roote
Then Summer-seeming Lust: and it hath bin
The Sword of our slaine Kings: yet do not feare,
Scotland hath Foysons, to fill vp your will
Of your meere Owne. All these are portable,

Kennt meine Geilheit: eure Weiber, Töchter
Großmütter und Enkelinnen füllen
Mir die Zisterne meiner Lust nicht auf;
Und keine Weig'rung duldet meine Gier
Und kein sich Sträuben: lieber doch Macbeth
Als so ein Kerl.
MACDUFF   Mit zügellosen Trieben
Sucht uns Natur despotisch heim; sie haben
Schon manchen Thron zur Unzeit leer gemacht
Und fällten viele Könige. Doch scheut Euch
Drum nicht, das Eure Euch zu nehmen: Platz ist
Für Eure Freuden mehr als reichlich, scheint Ihr
Nur außen kühl – damit täuscht Ihr die Zeit:
Willige Damen gibt's genug. In Euch
Kann so kein Geier nisten, daß er alle
Hinunterschlingt, die sich der Hoheit weihen
Sehn sie sie geneigt.
MALCOLM   Daneben wuchert
In dem sehr schiefen Bau der Leidenschaften
Mir unstillbare Habgier, daß ich König
Den Adel stutze seiner Güter wegen;
Hier reizt mich ein Geschmeide, da ein Landsitz
Und mein Nochmehr ist mir wie ein Gewürz
Das mir mehr Appetit macht und ich künstlich
Mit Guten und Ergeb'nen mich entzweie
Sie auslösche und raffe.
MACDUFF   Diese Habgier
Sitzt tiefer, wächst aus giftigerer Wurzel
Als Lust des Lebensfrühlings; und es schlug
Sich manch ein König selbst mit diesem Schwert:
Doch fürchtet nichts; mit dem, was Euer ist
Befriedigt Schottland Euch im Übermaß.

With other Graces weigh'd.

Mal. But I haue none. The King-becoming Graces,
As Iustice, Verity, Temp'rance, Stablenesse,
Bounty, Perseuerance, Mercy, Lowlinesse,
Deuotion, Patience, Courage, Fortitude,
I haue no rellish of them, but abound
In the diuision of each seuerall Crime,
Acting it many wayes. Nay, had I powre, I should
Poure the sweet Milke of Concord, into Hell,
Vprore the vniuersall peace, confound
All vnity on earth.

Macd. O Scotland, Scotland.
Mal. If such a one be fit to gouerne, speake:
I am as I haue spoken.
Mac. Fit to gouern? No not to liue. O Natiõ miserable!
With an vntitled Tyrant, bloody Sceptred,
When shalt thou see thy wholsome dayes againe?
Since that the truest Issue of thy Throne
By his owne Interdiction stands accust,
And do's blaspheme his breed? Thy Royall Father
Was a most Sainted-King: the Queene that bore thee,
Oftner vpon her knees, then on her feet,
Dy'de euery day she liu'd. Fare thee well,
These Euils thou repeat'st vpon thy selfe,
Hath banish'd me from Scotland. O my Brest,
Thy hope ends heere.

Mal. *Macduff*, this Noble passion
Childe of integrity, hath from my soule
Wip'd the blacke Scruples, reconcil'd my thoughts

IV, iii, 105-133

All das geht hin, wiegt Eure Herrscherkunst
  Es auf.
MALCOLM Ich hab nur keine. Alle Königskünste
  Als wie gerecht sein, ehrlich, maßvoll, standhaft
  Gütig, volksnah, unnachsichtig, gnädig
  Friedlich, fromm, geduldig, heldenmütig:
  Keine Spur davon in mir davon in mir; hingegen
  Überreich begabt zu Staatsverbrechen
  Und ihrer Ausführung. Nein, ich gösse
  Käm ich zur Macht, die süße Milch der Eintracht
  In die Hölle, kehrte Frieden um
  In Aufruhr, sägte alle Balken durch
  Des festen Weltenbaus.
MACDUFF   O Schottland! Schottland!
MALCOLM Ist so wer reif zu herrschen, sagt es: ich
  Bin, wie ich sagte.
MACDUFF   Reif zu herrschen? Nein,
  Nicht reif zu leben. – O Elendsland
  Wann siehst du, über dem ein Räuberkönig
  Sein rotes Szepter schwingt, je bessre Tage
  Wenn sich der wahre Erbe deines Throns
  Durch Selbstverklagung von der Krone scheidet
  Und seine Herkunft schmäht? Der Vater war
  Ein König wie ein Heiliger, die Mutter
  Öfter auf den Knien als auf den Füßen
  Verging, solang sie lebte. Mach es gut!
  Die Übel, derer du dich selbst bezichtigst
  Verbannten mich aus Schottland. – O mein Hoffen
  Hier endest du!
MALCOLM   Macduff, dein nobles Fühlen
  Ein Kind der Redlichkeit, hat meiner Seele
  Den schwarzen Argwohn abgewischt, mein Denken

To thy good Truth, and Honor. Diuellish *Macbeth*,
By many of these traines, hath sought to win me
Into his power: and modest Wisedome pluckes me
From ouer-credulous hast: but God aboue
Deale betweene thee and me; For euen now
I put my selfe to thy Direction, and
Vnspeake mine owne detraction. Heere abiure
The taints, and blames I laide vpon my selfe,
For strangers to my Nature. I am yet
Vnknowne to Woman, neuer was forsworne,
Scarsely haue coueted what was mine owne.
At no time broke my Faith, would not betray
The Deuill to his Fellow, and delight
No lesse in truth then life. My first false speaking
Was this vpon my selfe. What I am truly
Is thine, and my poore Countries to command:
Whither indeed, before they heere approach
Old *Seyward* with ten thousand warlike men
Already at a point, was setting foorth:
Now wee'l together, and the chance of goodnesse
Be like our warranted Quarrell. Why are you silent?

Macd. Such welcome, and vnwelcom things at once
    'Tis hard to reconcile.
Enter a Doctor.
Mal. Well, more anon. Comes the King forth
    I pray you?
Doct. I Sir: there are a crew of wretched Soules
    That stay his Cure: their malady conuinces
    The great assay of Art. But at his touch,

Von deiner Wahrheit überzeugt und Ehre.
Satan Macbeth versuchte mehrfach ähnlich
Zurück in seine Netze mich zu ködern
Und seither warnt mich meine kleine Klugheit
Vor leichtgläubiger Hast: doch Gott im Himmel
Verbünde dich und mich! Denn von nun an
Geh ich mit dir die graden Wege und
Widerrufe all die krummen, die ich
Mir selber vorgezeichnet habe, schwöre
Als meinem Wesen fremd den Makeln ab und
Lastern, die ich auf mich häufte. Noch
Bin ich bei Frau'n ein Neuling, schwor nie falsch
Begehrte das kaum, was mein Eigen war
Brach nie mit meinem Glauben: nicht den Teufel
Verriete ich an seinen Nebenteufel;
Mir ist die Wahrheit wie mein Leben lieb:
Die Lüge über mich war meine erste.
Dem zu befehlen, der ich wirklich bin
Ist nun an dir und meinem armen Land:
In das mit zehntausend Bewaffneten
Einzurücken freilich schon Old Siward
Bereit stand, eh du herkamst. Nunmehr
Marschier'n wir mit, und unsre Siegeschancen
Sind gut wie unsre Sache. Warum schweigst du?
MACDUFF Das Wechselbad von bös und brav raubt Kräfte.

MALCOLM Dann später mehr. Sagt, zeigt der König sich?

DOKTOR Ja, Sir; da ist ein Häuflein armer Seelen
    Das seiner Heilkraft harrt: ihr Leiden trotzt
    Der Kunst der Ärzte, doch von ihm berührt

Such sanctity hath Heauen giuen his hand,
They presently amend.   *Exit.*
Mal. I thanke you Doctor.
Macd. What's the Disease he meanes?
Mal. Tis call'd the Euill.
A most myraculous worke in this good King,
Which often since my heere remaine in England,
I haue seene him do: How he solicites heauen
Himselfe best knowes: but strangely visited people
All swolne and Vlcerous, pittifull to the eye,
The meere dispaire of Surgery, he cures,
Hanging a golden stampe about their neckes,
Put on with holy Prayers, and 'tis spoken
To the succeeding Royalty he leaues
The healing Benediction. With this strange vertue,
He hath a heauenly guift of Prophesie,
And sundry Blessings hang about his Throne,
That speake him full of Grace.

Enter Rosse.

Macd. See who comes heere.
Malc. My Countryman: but yet I know him not.
Macd. My euer gentle Cozen, welcome hither.
Malc. I know him now. Good God betimes remoue
The meanes that makes vs Strangers.
Rosse. Sir, Amen.
Macd. Stands Scotland where it did?
Rosse. Alas poore Countrey,
Almost affraid to know it selfe. It cannot
Be call'd our Mother, but our Graue; where nothing
But who knowes nothing, is once seene to smile:
Where sighes, and groanes, and shrieks that rent the ayre

Genesen sie kraft himmlischer Begabung
Seiner Hände.

MALCOLM   Doktor, seid bedankt.

MACDUFF Welch Leiden meint er?

MALCOLM   's heißt das Königsübel:
Der gute König tut da Dinge wundersam
Oft seit England meine Zuflucht wurde
Hab ichs geseh'n. Wie er den Himmel angeht
Weiß nur er selbst; doch schwer entstellte Menschen
Bedeckt von Beulen und Geschwüren, trostlos
Anzusehen, ein Bankrott der Ärzteschaft:
Er heilt sie; um den Nacken hängt er betend
Ihnen eine goldne Engelmünze
Und legt die Hand auf: und es heißt, die Heilkraft
Vererbt er seinen königlichen Kindern.
Zu diesem höchst erstaunlichen Vermögen
Ward ihm auch die Gabe der Vorausschau;
Die Segnungen, die seinen Thron umgeben
Bezeugen, daß er in der Gnade steht.

MACDUFF Sieh da.

MALCOLM   Ein Landsmann, doch ich weiß nicht, wer.

MACDUFF Mein menschlichster der Vettern, sei willkommen.

MALCOLM Jetzt weiß ich's. Guter Gott, nimm schnellstens
Was uns zu Fremden werden ließ!   [von uns

ROSSE   Sir, Amen.

MACDUFF Steht Schottland noch?

ROSSE   Ach, unsre arme Heimat!
Ihr schaudert vor sich selbst. Nicht unsre Mutter
Kann sie mehr heißen, nur noch unser Grab;
Wo niemand, es sei denn, er weiß von nichts
Noch lächeln kann; wo, was die Luft zerreißt

Are made, not mark'd: Where violent sorrow seemes
A Moderne extasie: The Deadmans knell,
Is there scarse ask'd for who, and good mens liues
Expire before the Flowers in their Caps,
Dying, or ere they sicken.

Macd. Oh Relation; too nice, and yet too true.

Malc. What's the newest griefe?

Rosse. That of an houres age, doth hisse the speaker,
Each minute teemes a new one.

Macd. How do's my Wife?

Rosse. Why well.
Macd. And all my Children?
Rosse. Well too.
Macd. The Tyrant ha's not batter'd at their peace?

Rosse. No, they were wel at peace, when I did leaue 'em

Macd. Be not a niggard of your speech: How gos't?

Rosse. When I came hither to transport the Tydings
Which I haue heauily borne, there ran a Rumour
Of many worthy Fellowes, that were out,
Which was to my beleefe witnest the rather,
For that I saw the Tyrants Power a-foot.
Now is the time of helpe: your eye in Scotland
Would create Soldiours, make our women fight,

Das Seufzen, und das Stöhnen, und das Schreien
Ertönt, bis man ertaubt; wo wildes Weh
Die Modekrankheit scheint: wo, wem da wohl
Die Totenglocke schlägt, nicht mehr gefragt wird;
Denn brave Männer welken schneller weg
Als das Heidekraut an ihrer Kappe
Sterbend ohne Siechtum.
MACDUFF   O das hören
   Zu gräßlich um nicht wahr zu sein!
MALCOLM   Was ist
   Das neuste Elend?
ROSSE   Das von vor 'ner Stunde
   Läßt seinen Sprecher alt aussehn, denn jede
   Minute türmt sich neues auf.
MACDUFF   Wie geht es
   Meiner Frau?
ROSSE   Geht soweit gut.
MACDUFF   Den Kindern?
ROSSE Denen auch.
MACDUFF   Der Bluthund rührte nicht
   An ihren Frieden?
ROSSE   Nein sie hatten ihren
   Frieden, als ich sie verließ.
MACDUFF   Sei kein
   Solch Sprechgeizhals: sag, wie es um sie steht.
ROSSE Als ich hierher kam, um Bericht zu geben
   Mit dem ich schwer mich schleppe, gab's Gerüchte
   Mutig erhoben habe sich viel Volk;
   Daß dem so ist, bezeugten mir die Truppen
   Des Tyrannen, die ich sah. Die Zeit
   Ist da, zu helfen. Leuchtet über Schottland
   Erst Euer Auge, wachsen Euch Soldaten

To doffe their dire distresses.

Malc. Bee't their comfort
We are comming thither: Gracious England hath
Lent vs good *Seyward*, and ten thousand men,
An older, and a better Souldier, none
That Christendome giues out.

Rosse. Would I could answer
This comfort with the like. But I haue words
That would be howl'd out in the desert ayre,
Where hearing should not latch them.

Macd. What concerne they,
The generall cause, or is it a Fee-griefe
Due to some single brest?

Rosse. No minde that's honest
But in it shares some woe, though the maine part
Pertaines to you alone.

Macd. If it be mine
Keepe it not from me, quickly let me haue it.

Rosse. Let not your eares dispise my tongue for euer,
Which shall possesse them with the heauiest sound
That euer yet they heard.

Macd. Humh: I guesse at it.

Rosse. Your Castle is surpriz'd: your Wife, and Babes
Sauagely slaughter'd: To relate the manner
Were on the Quarry of these murther'd Deere
To adde the death of you.

Malc. Mercifull Heauen:
What man, ne're pull your hat vpon your browes:
Giue sorrow words; the griefe that do's not speake,
Whispers the o're-fraught heart, and bids it breake.

Macd. My Children too?

Die Frauen würfen die Verzweiflung von sich
Und griffen zu den Waffen.
MALCOLM   Trösten mag sie
  Wir sind auf dem Marsch. Das große England
  Leiht uns Old Siward mit zehntausend Mann aus
  Die Christenheit stellt keinen Euch ins Feld
  Erfahrener und kühner.
ROSSE   Dürfte ich
  Den Trost gleichweis vergelten! Ich hingegen
  Ich hab ein Wort, es in die leere Luft
  Zu heulen, wo kein Hören es umschließt.
MACDUFF Worum dreht sich's? Unser aller Sache? Oder
  Ist's ein Hauptschlag gegen eine Brust?

ROSSE Verdorben ist das Herz, das hier nicht mitfühlt
  Geht auch der schwerste Teil nur Euch an.

MACDUFF   Mich.
  Dann weiht mich ein. Kommt schon, laßt es mich wissen.
ROSSE Ewig muß Euer Ohr die Zunge hassen
  Die es mit einem Ton füllt, schwer, wie es
  Noch keinen hörte.
MACDUFF   Hm! Ich weiß nun schon.
ROSSE Gestürmt ist Eure Burg, die Frau, die Kinder
  Sind hingeschlachtet: es zu schildern, hieße
  Zur Strecke dieses totgeschlagnen Wilds
  Auch Euch zu bringen.
MALCOLM   Grundgütiger Himmel! –
  Wie, Mann! Zieh nicht den Hut dir in die Stirn:
  Gib dem Leid Worte; Gram, will er nicht sprechen
  Rät still dem überladnen Herz zu brechen.
MACDUFF Die Kinder auch?

Ro. Wife, Children, Seruants, all that could be found.

Macd. And I must be from thence? My wife kil'd too?

Rosse. I haue said.
Malc. Be comforted.
   Let's make vs Med'cines of our great Reuenge,
   To cure this deadly greefe.
Macd. He ha's no Children. All my pretty ones?
   Did you say All? Oh Hell-Kite! All?
   What, All my pretty Chickens, and their Damme
   At one fell swoope?
Malc. Dispute it like a man.
Macd. I shall do so:
   But I must also feele it as a man;
   I cannot but remember such things were
   That were most precious to me: Did heauen looke on,
   And would not take their part? Sinfull *Macduff*,
   They were all strooke for thee: Naught that I am,
   Not for their owne demerits, but for mine
   Fell slaughter on their soules: Heauen rest them now.

Mal. Be this the Whetstone of your sword, let griefe
   Conuert to anger: blunt not the heart, enrage it.

Macd. O I could play the woman with mine eyes,
   And Braggart with my tongue. But gentle Heauens,
   Cut short all intermission: Front to Front,
   Bring thou this Fiend of Scotland, and my selfe
   Within my Swords length set him, if he scape
   Heauen forgiue him too.
Mal. This time goes manly:

ROSSE   Frau, Kinder, Dienstvolk, alle
  Die sie fanden.
MACDUFF   Und ich muß nicht da sein!
  Auch meine Frau erschlagen?
ROSSE   Wie ich sage.
MALCOLM Tröstet Euch: die Medizin heißt Rache
  Die diesen Gram kuriert.

MACDUFF   Er hat kein Kind. –
  Alle meine Lieben? – Sagst du alle? –
  O Höllengeier! – Alle? In die Küken
  Und ihre Glucke schlägt er seine Klauen?
MALCOLM Nehmt es als ein Mann.
MACDUFF   Das werde ich;
  Nur will ich zudem als ein Mann es fühlen:
  Dazu muß ich der Dinge erst gedenken
  Die mir sehr teuer waren. – Sah der Himmel
  Zu und half nicht? Sündiger Macduff!
  Dir galt der Schlag, der sie traf. Ich Verworfner
  Mein Verfehlen, nicht das ihre, trieb
  Sie zur Schlachtbank: Himmel, gib zum Lohn
  Ihren armen Seelen Ruhe!
MALCOLM   Das
  Nimm als Wetzstein deines Schwerts: tausch Reue
  Gegen Wut; wild mach das Herz, nicht stumpf.
MACDUFF O! Mit den Augen könnte ich ein Weib spiel'n
  Und mit dem Maul den Helden. – Doch, ihr Sterne
  Kürzt alle Pausen weg; stellt Stirn an Stirn
  Den Erzfeind Schottlands auf und mich, so nah
  Als mein Schwert lang ist: kommt er mir davon
  Vergebt auch ihr ihm, Himmel!
MALCOLM   Das klingt mannhaft.

Come go we to the King, our Power is ready,
Our lacke is nothing but our leaue. *Macbeth*
Is ripe for shaking, and the Powres aboue
Put on their Instruments: Receiue what cheere you may,
The Night is long, that neuer findes the Day.   *Exeunt*

Auf zum König: unser Heer steht; nichts
Fehlt uns außer seinem Segen. Macbeth
Ist Fallobst, und die höh're Macht geht sammeln.
Seid zuversichtlich: komme, was da mag
Von Anbeginn war Nacht nie ohne Tag.

Actus Quintus. Scena Prima.

*Enter a Doctor of Physicke, and a Wayting
Gentlewoman.*

Doct. I haue too Nights watch'd with you, but can
perceiue no truth in your report. When was it shee last
walk'd?

Gent. Since his Maiesty went into the Field, I haue
seene her rise from her bed, throw her Night-Gown vp-
pon her, vnlocke her Closset, take foorth paper, folde it,
write vpon't, read it, afterwards Seale it, and againe returne to bed; yet all this while in a most fast sleepe.

Doct. A great perturbation in Nature, to receyue at
once the benefit of sleep, and do the effects of watching.
In this slumbry agitation, besides her walking, and other
actuall performances, what (at any time) haue you heard
her say?

Gent. That Sir, which I will not report after her.

Doct. You may to me, and 'tis most meet you should.

Gent. Neither to you, nor any one, hauing no witnesse
to confirme my speech.   *Enter Lady, with a Taper.*
Lo you, heere she comes: This is her very guise, and vpon my life fast asleepe: obserue her, stand close.

Doct. How came she by that light?

Gent. Why it stood by her: she ha's light by her con-
tinually, 'tis her command.

Doct. You see her eyes are open.

Gent. I but their sense are shut.

V, i, 1-27

DOKTOR Ich habe zwei Nächte mit Euch gewacht und nichts wahrgenommen, was Eurem Bericht entspräche. Wann wandelte sie das letzte Mal?

KAMMERFRAU Seit Seine Majestät ins Feld zog, habe ich gesehn, wie sie sich von ihrem Bett erhob, ihren Morgenmantel überwarf, ihr Schreibpult aufschloß, Papier herausnahm, es beschrieb, es überlas, es faltete, danach siegelte und wieder zu Bett ging. Doch alles, während sie fest schlief.

DOKTOR Welch widernatürliche Verstörung, gleichzeitig die Wohltat des Schlafes zu empfangen und sich aufzuführen, als wäre man wach! Und habt Ihr, außer, daß sie das schlummernd tat, sie neben ihrem Wandeln und den anderen Benehmungen irgendwann irgendetwas sprechen hören?

KAMMERFRAU Etwas, Sir, das ich nicht weitersage hinter ihrem Rücken.

DOKTOR Das dürft Ihr; und zwar mir, von Berufs wegen.

KAMMERFRAU Euch nicht und niemand. Wer wohl bezeugte mir, was ich da sage?
Seht Ihr! Da ist sie. Grad wie stets, und, bei meinem Leben, tief im Schlaf. Beseht sie: tretet näher.

DOKTOR Wie kommt sie zu dem Licht?

KAMMERFRAU Je nun, es steht an ihrem Bett: sie hat immerzu Licht um sich, sie will's so.

DOKTOR Sie hat die Augen offen, wie Ihr seht.

KAMMERFRAU Das schon, doch ihre Sinne sind verschlossen.

Doct. What is it she do's now?

Looke how she rubbes her hands.

Gent. It is an accustom'd action with her, to seeme
thus washing her hands: I haue knowne her continue in
this a quarter of an houre.

Lad. Yet heere's a spot.

Doct. Heark, she speakes, I will set downe what comes
from her, to satisfie my remembrance the more strongly.

La. Out damned spot: out I say. One: Two: Why
then 'tis time to doo't: Hell is murky. Fye, my Lord, fie,
a Souldier, and affear'd? what need we feare? who knowes
it, when none can call our powre to accompt: yet who
would haue thought the olde man to haue had so much
blood in him.

Doct. Do you marke that?

Lad. The Thane of Fife, had a wife: where is she now?
What will these hands ne're be cleane? No more o'that
my Lord, no more o'that: you marre all with this star-
ting.

Doct. Go too, go too:

You haue knowne what you should not.

Gent. She ha's spoke what shee should not, I am sure
of that: Heauen knowes what she ha's knowne.

La. Heere's the smell of the blood still: all the per-
fumes of Arabia will not sweeten this little hand.
Oh, oh, oh.

Doct. What a sigh is there? The hart is sorely charg'd.

Gent. I would not haue such a heart in my bosome,
for the dignity of the whole body.

Doct. Well, well, well.

Gent. Pray God it be sir.

Doct. This disease is beyond my practise: yet I haue

V, i, 28-59

DOKTOR Was tut sie da? Seht, wie sie sich die Hände reibt.

KAMMERFRAU Das kenn ich auch schon von ihr, dieses
scheinbare Händewaschen. Das habe ich sie einmal eine
geschlagene Viertelstunde lang tun sehn.

LADY MACBETH Immer noch ein Fleck.

DOKTOR Still! Sie spricht. Ich will notieren, was sie von sich
gibt, das stärkt mir hernach mein Erinnerungsvermögen.

LADY MACBETH Geh weg, verfluchter Fleck! Geh weg, sag
ich! – Eins, und noch eins: Dann wird's Zeit, 's zu tun! –
's ist schummrig in der Hölle. – Pfui, Mylord, pfui! Ein
Krieger und ein Hasenfuß? – Was fürchten wir Mitwis-
ser, solang niemand unsrer Macht die Rechnung stellt?
Der alte Kerl, wer denkt auch, daß er so viel Blut faßt?

DOKTOR Hört Ihr das?

LADY MACBETH Der Than von Fife hatte 'ne Zeit als Gatte:
Wo blieb wohl die Gattin? – Was denn, wollen die
Hände hier nie sauber werden? – Schluß jetzt, Mylord,
Schluß: Ihr vermasselt alles mit dieser Schreckhaftigkeit.

DOKTOR Oho! So, so! Du weißt was, was du nicht wissen
darfst.

KAMMERFRAU Sie spricht, was sie nicht darf, da bin ich mir
sicher: Weiß der Himmel, was sie weiß.

LADY MACBETH Hier riecht es noch nach Blut: dies kleine
Händchen, alle Salben Arabiens lassen es nicht duften.
Oh! Oh! Oh!

DOKTOR Das sind mir Seufzer! Ihr Herz ist schwer beladen.

KAMMERFRAU Ich wollt' kein solch Herz in der Brust tragen, für das ganze sonstige Leibeswohl nicht.

DOKTOR Gut, gut, gut.

KAMMERFRAU Betet zu Gott, daß es so wird, Sir.

DOKTOR Die Erkrankung fällt nicht in mein Fach. Auch

157

knowne those which haue walkt in their sleep, who haue
dyed holily in their beds.

Lad. Wash your hands, put on your Night-Gowne,
looke not so pale: I tell you yet againe *Banquo*'s buried;
he cannot come out on's graue.

Doct. Euen so?

Lady. To bed, to bed: there's knocking at the gate:
Come, come, come, come, giue me your hand: What's
done, cannot be vndone. To bed, to bed, to bed.

Exit Lady.

Doct. Will she go now to bed?

Gent. Directly.

Doct. Foule whisp'rings are abroad: vnnaturall deeds
Do breed vnnaturall troubles: infected mindes
To their deafe pillowes will discharge their Secrets:

More needs she the Diuine, then the Physitian:
God, God forgiue vs all. Looke after her,
Remoue from her the meanes of all annoyance,
And still keepe eyes vpon her: So goodnight,
My minde she ha's mated, and amaz'd my sight.
I thinke, but dare not speake.

Gent. Good night good Doctor.   *Exeunt.*

habe ich schon welche gekannt, die im Schlaf umher-
gingen und fromm in ihren Betten gestorben sind.

LADY MACBETH Wasch dir die Hände, zieh dein
Nachthemd an; kneif dir in die bleichen Wangen. – Ich
sag's dir noch mal, Banquo liegt: Zurück aus seiner
Grube kommt er nicht.

DOKTOR Auch das noch?

LADY MACBETH Zu Bett, zu Bett: es wird ans Tor gepocht.
Komm, komm, komm, komm, gib mir die Hand. Was
getan ist, ist getan. Zu Bett, zu Bett, zu Bett.

DOKTOR Und geht sie nun ins Bett?

KAMMERFRAU Direkt.

DOKTOR Üble Gerüchte machen rings die Runde.
Wider die Natur getane Taten
Brüten Unheil wider die Natur:
Vergiftet, wie sie ist, will sich die Seele
Den tauben Kissen nächtlich anvertrau'n.
Sie braucht den Priester mehr als einen Arzt. –
Gott, Gott, vergib uns allen! Seht nach ihr;
Räumt weg, wovon sie Schaden leiden könnte
Und habt ein Auge auf sie. – Gute Nacht:
Ganz aus der Fassung hat sie mich gebracht.
Und was ich denke, wag ich nicht zu sagen.

KAMMERFRAU Gute Nacht auch Euch, guter Doktor.

Scena Secunda.

Drum and Colours. Enter Menteth, Cathnes,
Angus, Lenox, Soldiers.

Ment. The English powre is neere, led on by *Malcolm*,
His Vnkle *Seyward*, and the good *Macduff*.
Reuenges burne in them: for their deere causes
Would to the bleeding, and the grim Alarme
Excite the mortified man.
Ang. Neere Byrnan wood
Shall we well meet them, that way are they comming.
Cath. Who knowes if *Donalbane* be with his brother?

Len. For certaine Sir, he is not: I haue a File
Of all the Gentry; there is *Seywards* Sonne,
And many vnruffe youths, that euen now
Protest their first of Manhood.
Ment. What do's the Tyrant.
Cath. Great Dunsinane he strongly Fortifies:
Some say hee's mad: Others, that lesser hate him,
Do call it valiant Fury, but for certaine
He cannot buckle his distemper'd cause
Within the belt of Rule.
Ang. Now do's he feele
His secret Murthers sticking on his hands,
Now minutely Reuolts vpbraid his Faith-breach:
Those he commands, moue onely in command,
Nothing in loue: Now do's he feele his Title
Hang loose about him, like a Giants Robe
Vpon a dwarfish Theefe.
Ment. Who then shall blame

MENTETH Englands Heeresmacht ist nah, geführt
   Von Malcolm, seinem Onkel Siward und
   Macduff. In allen drei'n flammt Rachsucht, denn
   Ihr Kriegsgrund stachelt noch verweste Männer
   Zu Schlachtgeschrei und Blutvergießen auf.
ANGUS Beim Holz von Birnam treffen wir auf sie:
   Sie nähern sich von dort.
CATHNESS   Weiß irgendwer
   Ob Malcolm seinen Bruder mit dabei hat?
LENOX Hat er nicht, Sir. Uns liegt eine Liste
   Des ganzen Adels vor: Old Siwards Sohn
   Und noch manch andrer Flaumbart will sich
   Als Mann beweisen.
MENTETH   Was tut der Tyrann?
CATHNESS Befestigt Dunsinane. Er sei von Sinnen
   Behaupten einige; wer ihn nicht ganz
   So haßt, nennt's Tollkühnheit: fest steht
   Um seine aufgestörte Sache schnallt er
   Den Riemen keiner Ordnung mehr.
ANGUS   Jetzt fühlt er
   Verborg'nen Mord an seinen Händen kleben;
   Jetzt führt sein Treubruch überall zu Aufruhr:
   Wer noch gehorcht, der tut es aus Befehlsangst
   Nicht aus Respekt. Jetzt fühlt er, wie sein Titel
   Um ihn schlottert wie der Rock des Riesen
   Um einen zwergwüchsigen Dieb.
MENTETH   Wer will es

His pester'd Senses to recoyle, and start,
When all that is within him, do's condemne
It selfe, for being there.

Cath. Well, march we on,
To giue Obedience, where 'tis truly ow'd:
Meet we the Med'cine of the sickly Weale,
And with him poure we in our Countries purge,
Each drop of vs.
Lenox. Or so much as it needes,
To dew the Soueraigne Flower, and drowne the Weeds:
Make we our March towards Birnan.   *Exeunt marching.*

Scaena Tertia.

Enter Macbeth, Doctor, and Attendants.

Macb. Bring me no more Reports, let them flye all:
Till Byrnane wood remoue to Dunsinane,
I cannot taint with Feare. What's the Boy *Malcolme*?
Was he not borne of woman? The Spirits that know
All mortall Consequences, haue pronounc'd me thus:

Feare not *Macbeth*, no man that's borne of woman
Shall ere haue power vpon thee. Then fly false Thanes,
And mingle with the English Epicures,
The minde I sway by, and the heart I beare,
Shall neuer sagge with doubt, nor shake with feare.
                    Enter Seruant.
The diuell damne thee blacke, thou cream-fac'd Loone:
Where got'st thou that Goose-looke.
Ser. There is ten thousand.

Den verderbten Sinnen übel nehmen, wenn sie
Ihm schaudernd auffahr'n, wo doch alles
Was in ihm ist, sich selbst dafür verflucht
Daß es da ist?
CATHNESS   Gut. Wir marschieren vorwärts
Lehnsmänner da zu sein, wo Pflicht es fordert:
Gemeinsam mit dem Arzt des kranken Reichs
Lassen wir zur Rettung unsrer Heimat
Uns selbst zur Ader.
LENOX   Tränkt das faule Beet
Bis Hoheit blüht und Unkraut untergeht.
Auf nach Birnam.

3

MACBETH Macht mir nicht Meldung mehr, laßt alle fliehn:
Bis Birnams Wald vorrückt auf Dunsinane
Weiß ich von Furcht nichts. Was ist Malcolm mir?
Aus Weibes Schoß ein Bübchen! Jene Geister
Denen unsre Dinge sind wie Glas
Sie haben mir vorhergesagt »Macbeth
Befürchte nichts! Kein Mann aus Weibes Schoß
Besiegt dich.« Na, dann lauft, ihr falschen Thans
Und kriecht bei Englands Wohlstandssöldnern unter:
Ich kann ein Hirn und Herz mein eigen nennen
Die Zweifel nicht und nicht Verzagtheit kennen.

Daß dich der Teufel rußschwarz flucht, du Blässling!
Wie kommst du zu dem Gänseblick?
DIENER Da sind zehntausend –

Macb. Geese Villaine?

Ser. Souldiers Sir.

Macb. Go pricke thy face, and ouer-red thy feare
Thou Lilly-liuer'd Boy. What Soldiers, Patch?
Death of thy Soule, those Linnen cheekes of thine
Are Counsailers to feare. What Soldiers Whay-face?

Ser. The English Force, so please you.

Macb. Take thy face hence. *Seyton*, I am sick at hart,
When I behold: *Seyton*, I say, this push
Will cheere me euer, or dis-eate me now.
I haue liu'd long enough: my way of life
Is falne into the Seare, the yellow Leafe,
And that which should accompany Old-Age,
As Honor, Loue, Obedience, Troopes of Friends,
I must not looke to haue: but in their steed,
Curses, not lowd but deepe, Mouth-honor, breath
Which the poore heart would faine deny, and dare not.
Seyton?

Enter Seyton.

Sey. What's your gracious pleasure?

Macb. What Newes more?

Sey. All is confirm'd my Lord, which was reported.

Macb. Ile fight, till from my bones, my flesh be hackt.
Giue me my Armor.

Seyt. 'Tis not needed yet.

Macb. Ile put it on:
Send out moe Horses, skirre the Country round,
Hang those that talke of Feare. Giue me mine Armor:
How do's your Patient, Doctor?

MACBETH   Gänse, Lump?
DIENER   Soldaten, Sir.
MACBETH Ohrfeig dich und tünch den Schrecken rosa
    Auf deiner Gänsehaut. Was für Soldaten, Blödmann?
    Tod deiner Seele! Diese Käsewangen
    Sind Wegweiser zur Furcht. Was für Soldaten
    Quarkgesicht?
DIENER   Englische, wenn's beliebt.
MACBETH Schaff das Weißzeug weg, deine Visage. – Seyton!
    Ich könnte kotzen, seh ich – Seyton, sag ich! –
    Der Schlag setzt mich für immer auf den Thron
    Oder gleich ab. Gelebt hab ich genug:
    Mein Lebensweg biegt früh ins Dürre ein
    Mein Herbst kommt zeitig; und groß Ausschau halten
    Nach dem Geleit des Alters, als da wären
    Ehrerbietung, Liebe, Folgsamkeit
    Und Freundesbeistand muß ich nicht. Ich habe
    Statt ihrer Flüche, leis, doch um so wilder
    Lippendienste, bloße Worte, die
    Ihr Herz mir zu verweigern nicht den Mumm hat.
    Seyton! –
SEYTON Was steht zu Diensten?
MACBETH   Gibts noch Neuigkeiten?
SEYTON Das was gemeldet wurde, ist, Mylord, bestätigt.
MACBETH Ich schlag mich, bis kein Fetzen Fleisch mehr
    Von meinen Knochen hängt. Mein Eisen!
SEYTON   Das
    Muß noch nicht sein
MACBETH   Ich leg's schon an.
    Schick noch mehr Reiter los, durchkämmt das Land:
    Hängt, was sich ängstet. Lang mein Eisen her. –
    Wie geht es Eurer Kranken, Doktor?

Doct. Not so sicke my Lord,
As she is troubled with thicke-comming Fancies
That keepe her from her rest.
Macb. Cure of that:
Can'st thou not Minister to a minde diseas'd,
Plucke from the Memory a rooted Sorrow,
Raze out the written troubles of the Braine,
And with some sweet Obliuious Antidote
Cleanse the stufft bosome, of that perillous stuffe
Which weighes vpon the heart?
Doct. Therein the Patient
Must minister to himselfe.
Macb. Throw Physicke to the Dogs, Ile none of it.
Come, put mine Armour on: giue me my Staffe:
Seyton, send out: Doctor, the Thanes flye from me:
Come sir, dispatch. If thou could'st Doctor, cast
The Water of my Land, finde her Disease,
And purge it to a sound and pristine Health,
I would applaud thee to the very Eccho,
That should applaud againe. Pull't off I say,
What Rubarb, Cyme, or what Purgatiue drugge
Would scowre these English hence: hear'st y^u of them?

Doct. I my good Lord: your Royall Preparation
Makes vs heare something.
Macb. Bring it after me:
I will not be affraid of Death and Bane,
Till Birnane Forrest come to Dunsinane.
Doct. Were I from Dunsinane away, and cleere,
Profit againe should hardly draw me heere.   *Exeunt*

DOKTOR   Krank
    Mylord, ist sie in solcher Weise, daß
    Will sie ruhen, Phantasien sie aufstör'n.
MACBETH Heil sie davon: kannst du nicht dem befall'nen
    Gemüt behilflich sein, aus dem Gedächtnis
    Die Wurzeln eines Kummers roden, kannst nicht
    Die Sorgenschrift aus einem Hirn wegschaben
    Und durch ein Mittel, süß Vergessen schaffend
    Die vollgestopfte Brust vom Kehricht leeren
    Der das Herz uns abdrückt?
DOKTOR   Hierbei muß
    Der Patient sich selbst behilflich sein.
MACBETH Werft Heilkunst Hunden vor! Ich will sie nicht. —
    Kommt, legt mir's Eisen an; reicht mir die Lanze. —
    Seyton, schick los — Herr Doktor, ich hab Durchfall
    An Thans, sie laufen von mir. — Mach schon, Sir. —
    Könnt'st du, Doktor, durch Beschau des Wassers
    Meines Landes seine Krankheit finden
    Und es kurieren, daß es kraftvoll dasteht
    Und groß wie einst, ich wollt dir Beifall klatschen
    Bis mir das Echo wieder Beifall klatschte. —
    Zieh fest, sag ich. — Welch ein Rhabarber, welch ein
    Blättersud, welch andre Leerungsdroge
    Führt diese Engländer uns ab? — Du hast
    Von ihnen schon vernommen?
DOKTOR   Ja, Mylord
    Durch Eure königliche Zurüstung.
MACBETH Tragt ihn mir nach. — Ich fürchte keinen Feind
    Bis Birnams Wald vor Dunsinane erscheint.

DOKTOR Komm ich aus Dunsinane mit heiler Haut heraus
    Bringt mich kein Geld der Welt mehr in dies Haus.

                                              167

Scena Quarta.

Drum and Colours. Enter Malcolme, Seyward, Macduffe,
Seywards Sonne, Menteth, Cathnes, Angus,
and Soldiers Marching.

Malc. Cosins, I hope the dayes are neere at hand
That Chambers will be safe.

Ment. We doubt it nothing.

Seyw. What wood is this before vs?

Ment. The wood of Birnane.

Malc. Let euery Souldier hew him downe a Bough,
And bear't before him, thereby shall we shadow
The numbers of our Hoast, and make discouery
Erre in report of vs.

Sold. It shall be done.

Syw. We learne no other, but the confident Tyrant
Keepes still in Dunsinane, and will indure
Our setting downe befor't.

Malc. 'Tis his maine hope:
For where there is aduantage to be giuen,
Both more and lesse haue giuen him the Reuolt,
And none serue with him, but constrained things,
Whose hearts are absent too.

Macd. Let our iust Censures
Attend the true euent, and put we on
Industrious Souldiership.

Sey. The time approaches,
That will with due decision make vs know
What we shall say we haue, and what we owe:
Thoughts speculatiue, their vnsure hopes relate,
But certaine issue, stroakes must arbitrate,
Towards which, aduance the warre.   *Exeunt marching*

4

MALCOLM Ich hoffe, Vettern, der Tag ist nicht fern
   Der Zimmer sicher macht.
MENTETH   Wir zweifeln nicht.
SIWARD Wie heißt der Wald da vorn?
MENTETH   Der Wald von Birnam.
MALCOLM Laßt jeden Mann sich einen Zweig abhaun
   Und vor sich her ihn tragen: so verschleiern
   Wir dem Gegner unsre Stärke, und die Späher
   Machen falsche Meldung.
SOLDAT   Zu Befehl.
SIWARD Unsre Nachrichten besagen, der Tyrann
   Hockt selbstgewiß in Dunsinane und will
   Auch die Belag'rung übersteh'n.
MALCOLM   Er braucht sie.
   Denn als sich noch Gelegenheit zur Flucht bot
   Da zahlten Groß und Klein ihm Fersengeld
   Und Dienst tut nur noch ein gepreßtes Völkchen
   Unbeherzt.
MACDUFF   Ob es so ist, ob nicht
   Erweist der Gang der Dinge, wir indes
   Sind Werkleute des Kriegs.
SIWARD   Die Zeit ist nahe
   Die klar in unser Lebensbuch uns schreibt
   Was uns gelang, und was zu tun uns bleibt.
   Wunschdenken führt zu ungewissem Hoffen
   Ein Waffengang allein läßt nichts mehr offen;
   Zu dem Zweck führt den Krieg.

Scena Quinta.

*Enter Macbeth, Seyton, & Souldiers, with
Drum and Colours.*

Macb. Hang out our Banners on the outward walls,
The Cry is still, they come: our Castles strength
Will laugh a Siedge to scorne: Heere let them lye,
Till Famine and the Ague eate them vp:
Were they not forc'd with those that should be ours,
We might haue met them darefull, beard to beard,
And beate them backward home. What is that noyse?

A Cry within of Women.

Sey. It is the cry of women, my good Lord.
Macb. I haue almost forgot the taste of Feares:
The time ha's beene, my sences would haue cool'd
To heare a Night-shrieke, and my Fell of haire
Would at a dismall Treatise rowze, and stirre
As life were in't. I haue supt full with horrors,
Direnesse familiar to my slaughterous thoughts
Cannot once start me. Wherefore was that cry?

Sey. The Queene (my Lord) is dead.
Macb. She should haue dy'de heereafter;
There would haue beene a time for such a word:
To morrow, and to morrow, and to morrow,
Creepes in this petty pace from day to day,
To the last Syllable of Recorded time:
And all our yesterdayes, haue lighted Fooles
The way to dusty death. Out, out, breefe Candle,
Life's but a walking Shadow, a poore Player,

5

MACBETH Zieht unsre Banner auf! Noch schreit es von
Den äußern Mauern immer nur »Sie kommen!«
Die starke Burg lacht den Belag'rern Hohn:
Hier laßt sie liegen, bis der Hunger sich
Das Mahl teilt mit dem Frost. Wär's nicht so fettig
Von solchen, die zu uns gehörten, wir
Hätten Bart an Bart sie attackiert
Und sie nach Haus geprügelt. Welch ein Lärm?

SEYTON Das ist Geschrei von Weibern, gnäd'ger Herr.
MACBETH Ich habe, wie die Furcht schmeckt, fast vergessen.
Es gab die Zeit, nicht lang her, wo mir nächtlich
Ein Eulenschrei das Mark gefrieren ließ
Mein Haarfell bei 'ner schaurigen Geschichte
Sich regte und erhob, als hätt es Leben.
Ich hatte Horror reichlich auf dem Teller:
Das Grause, meinem Fleischerhirn gewöhnlich
Schreckt mich nicht mehr. Weswegen schrien sie?
SEYTON Die Königin, Mylord, ist tot.
MACBETH Sie hätte warten können:
Für das Wort wär' die Zeit auch noch gekommen:
Denn morgen, und dann morgen, und dann morgen
In dem Schritt trippelt sie von Tag zu Tag
Bis zu dem letzten Eintrag im Register;
Und jedes Gestern hielt uns Narrn die Lampe
Auf unserm Heimweg in den Tod aus Staub.
Aus, kleines Talglicht, aus! Das Leben läuft

That struts and frets his houre vpon the Stage,
And then is heard no more. It is a Tale
Told by an Ideot, full of sound and fury
Signifying nothing.   *Enter a Messenger.*

Thou com'st to vse thy Tongue: thy Story quickly.
Mes. Gracious my Lord,
   I should report that which I say I saw,
   But know not how to doo't.
Macb. Well, say sir.
Mes. As I did stand my watch vpon the Hill
   I look'd toward Byrnane, and anon me thought
   The Wood began to moue.
Macb. Lyar, and Slaue.
Mes. Let me endure your wrath, if't be not so:
   Within this three Mile may you see it comming.
   I say, a mouing Groue.
Macb. If thou speak'st false,
   Vpon the next Tree shall thou hang aliue
   Till Famine cling thee: If thy speech be sooth,
   I care not if thou dost for me as much.
   I pull in Resolution, and begin
   To doubt th' Equiuocation of the Fiend,
   That lies like truth. Feare not, till Byrnane Wood
   Do come to Dunsinane, and now a Wood
   Comes toward Dunsinane. Arme, Arme, and out,

If this which he auouches, do's appeare,
There is nor flying hence, nor tarrying here.
I 'ginne to be a-weary of the Sun,
And wish th' estate o'th' world were now vndon.
Ring the Alarum Bell, blow Winde, come wracke,

Als Schatten mit; ein armer Komödiant
Der sein Stündchen auf den Brettern hampelt
Und strampelt und danach nie mehr gehört wird.
Es ist ein Schauermärchen, ein Idiot
Erzählt es, stotternd und erregt, und es
Meint nichts. Du willst die Zunge brauchen: tu's schon.
WACHSOLDAT Gnädiger Herr
Ich müßte melden, was ich, sag ich, sah
Doch weiß nicht, wie das machen.
MACBETH   Sag's nur, Sir.
WACHSOLDAT Ich hab die Wache auf dem Hügel, und
Späh nach Birnam runter, und was seh ich?
Der Wald fängt an zu gehn.
MACBETH   Du Lügensack!
WACHSOLDAT Ehrt mich mit Eurem Zorn, wenn's nicht so ist.
Noch nicht drei Meilen weg seht Ihr ihn kommen
Ein Wanderwald, sag ich.
MACBETH   Du baumelst, irrst du
Lebendig am nächstbesten Ast, verknotet
Als Dörrfleisch: sprichst du wahr, dann meinethalb
Darfst du das nämliche an mir vollbringen. –
Ich zügle Zuversicht, und ich erkenne
Die Doppelzüngigkeit des bösen Feinds
Der Wahrheit lügt: »Befürchte nichts, eh nicht
Der Wald von Birnam kommt nach Dunsinane«
Und nun kommt ein Wald nach Dunsinane. –
Zu den Waffen! Zu den Waffen! Auf die Mauern!
Wenn das vor uns erscheint, wovon er spricht
Dann nützen Waffen und auch Mauern nicht.
Ich kriege diese Sonne langsam über
Zugleich mit mir sei auch die Welt hinüber. –
Schüttelt die Glocken! – Winde blast! Zerstücken

At least wee'l dye with Harnesse on our backe.   *Exeunt*

Scena Sexta.

Drumme and Colours.
Enter Malcolme, Seyward, Macduffe, and their Army,
with Boughes.

Mal. Now neere enough:
Your leauy Skreenes throw downe,
And shew like those you are: You (worthy Vnkle)
Shall with my Cosin your right Noble Sonne
Leade our first Battell. Worthy *Macduffe*, and wee
Shall take vpon's what else remaines to do,
According to our order.
Sey. Fare you well:
Do we but finde the Tyrants power to night,
Let vs be beaten, if we cannot fight.
Macd. Make all our Trumpets speak, giue them all breath
Those clamorous Harbingers of Blood, & Death. *Exeunt*
Alarums continued.

Scena Septima.

Enter Macbeth.

Macb. They haue tied me to a stake, I cannot flye,
But Beare-like I must fight the course. What's he
That was not borne of Woman? Such a one
Am I to feare, or none.
Enter young Seyward.
Y. Sey. What is thy name?

Muß man Uns erst den Harnisch auf dem Rücken.

6

MALCOLM Nicht weiter vor! Abwerfen soll das Heer
Die grüne Tarnung und sich zeigen. – Onkel
Ihr und mein Neffe, Euer edler Sohn
Beginnt den Sturm: Macduff und wir vollführen
Was noch zu tun ist, ganz nach Plan.

SIWARD   Lebt wohl. –
Kommt uns der Usurpator vor die Klinge
Leb ich nicht, wenn ich's nicht zu Ende bringe.
MACDUFF Blast die Trompeten, bis die Köpfe rot
Als laute Herolde von Blut und Tod.

7

MACBETH Sie haben mich als Bären angekettet
Ich kann nicht weg und muß die Runde durchstehn
Mit den Kläffern. – Wo bleibt er mir, er
Der nicht aus Weibes Schoß gekrochen ist?
So einen muß ich fürchten oder keinen.
DER JUNGE SIWARD Wer bist du?

Macb. Thou'lt be affraid to heare it.

Y. Sey. No: though thou call'st thy selfe a hoter name
    Then any is in hell.

Macb. My name's *Macbeth.*

Y. Sey. The diuell himselfe could not pronounce a Title
    More hatefull to mine eare.

Macb. No: nor more fearefull.

Y. Sey. Thou lyest abhorred Tyrant, with my Sword
    Ile proue the lye thou speak'st.

          Fight, and young Seyward slaine.

Macb. Thou was't borne of woman;
    But Swords I smile at, Weapons laugh to scorne,
    Brandish'd by man that's of a Woman borne.   *Exit.*

       Alarums.   *Enter Macduffe.*

Macd. That way the noise is: Tyrant shew thy face,
    If thou beest slaine, and with no stroake of mine,
    My Wife and Childrens Ghosts will haunt me still:
    I cannot strike at wretched Kernes, whose armes
    Are hyr'd to beare their Staues; either thou *Macbeth,*
    Or else my Sword with an vnbattered edge
    I sheath againe vndeeded. There thou should'st be,
    By this great clatter, one of greatest note
    Seemes bruited. Let me finde him Fortune,
    And more I begge not.   *Exit.*   *Alarums.*

        Enter Malcolme and Seyward.

Sey. This way my Lord, the Castles gently rendred:
    The Tyrants people, on both sides do fight,
    The Noble Thanes do brauely in the Warre,
    The day almost it selfe professes yours,
    And little is to do.

Malc. We haue met with Foes

MACBETH   Wenn du's weißt, pißt du dich voll.
DER JUNGE SIWARD Das nicht, und wärst du Häuptling in der
                                                    [Hölle.
MACBETH Ich bin Macbeth.
DER JUNGE SIWARD   Ein Name, den mein Ohr
    Mehr haßt als den des Teufels.
MACBETH   Falsch. Mehr fürchtet.
DER JUNGE SIWARD Das hoffst du, scheußlicher Tyrann: mein
    Beweist dir, daß du schief liegst.   [Schwert

MACBETH   Muttersohn!
    Mich lächern Schwerter, Lanzen, Waffen scharf
    Geführt von Männern, die ein Weibsschoß warf.

MACDUFF Da klingt's nach Kampf. – Thronräuber, zeig dich mir
    Kommst du um, und nicht durch meine Klinge
    Verfolgen bis ins Grab mich Frau und Kinder.
    Ich kann nicht hau'n nach armen Hintersassen
    Deren Faust die Pike hält für Geld:
    Entweder du, Macbeth, oder ich steck
    Das Schwert, das schartenlose, tatenfreie
    Wieder ein. Das klingt nach dir, das da:
    Mit dem Getöse kündet von den Größten
    Sich einer an. Kriegsglück, laß mich ihn finden
    Mehr bitt ich nicht.

SIWARD Hier lang, Mylord. – Die Burg ergab sich friedlich:
    Seine Leute kämpfen jetzt auf beiden Seiten;
    Die edlen Thans tun tapfer ihren Kriegsdienst.
    Der Tag will schon so gut wie Euch gehören
    Und wenig bleibt zu tun.
MALCOLM   Wir trafen Feinde

177

That strike beside vs.

Sey. Enter Sir, the Castle.   *Exeunt.*   *Alarum*

Enter Macbeth.

Macb. Why should I play the Roman Foole, and dye
On mine owne sword? whiles I see liues, the gashes
Do better vpon them.
Enter Macduffe.
Macd. Turne Hell-hound, turne.
Macb. Of all men else I haue auoyded thee:
But get thee backe, my soule is too much charg'd
With blood of thine already.
Macd. I haue no words,
My voice is in my Sword, thou bloodier Villaine
Then tearmes can giue thee out.   *Fight: Alarum*
Macb. Thou loosest labour
As easie may'st thou the intrenchant Ayre
With thy keene Sword impresse, as make me bleed:
Let fall thy blade on vulnerable Crests,
I beare a charmed Life, which must not yeeld
To one of woman borne.
Macd. Dispaire thy Charme,
And let the Angell whom thou still hast seru'd
Tell thee, *Macduffe* was from his Mothers womb
Vntimely ript.
Macb. Accursed be that tongue that tels mee so;
For it hath Cow'd my better part of man:
And be these Iugling Fiends no more beleeu'd,
That palter with vs in a double sence,
That keepe the word of promise to our eare,

Die hieben neben uns.

SIWARD   Sir, in die Festung.

8

MACBETH Was soll ich groß den Römernarren spielen
Und auf mein Schwert mich stecken, wo noch Leiber
Da sind für den Schnitt.

MACDUFF   Hier, Höllenhund, hier!
MACBETH Du bist der Mann, den ich nicht treffen will:
Steh ab! Zu viel von deinem Blut beschwert
Mir schon die Seele.
MACDUFF   Ich hab keine Stimme:
Mein Schwert hat Worte, blutigerer Schuft
Als Menschenmund ihn nennt!
MACBETH   Das spar dir:
Aus der unteilbaren Luft stichst du
Mit deinem kühnen Schwert so leicht ein Stück
Wie Blut aus mir! Auf Helme fäll' die Klinge
Die spaltbar sind! Mein Leben ist gefeit
Vor wem aus Weibes Schoß.
MACDUFF   Friß deinen Zauber
Und laß den schwarzen Engel, dem du anhängst
Dir sagen, Macduff ward aus Mutterleib
Vor der Zeit geschnitten.
MACBETH Fluch der Zunge, die mir das gesagt
Denn was an mir noch Mann war, zieht sie ab:
Und nie mehr soll wer Höllengauklern glauben
Die mit uns feilschen doppeldeutig; was sie
Dem Ohr versprechen, halten sie, und brechen

And breake it to our hope. Ile not fight with thee.
Macd. Then yeeld thee Coward,
And liue to be the shew, and gaze o'th' time.
Wee'l haue thee, as our rarer Monsters are
Painted vpon a pole, and vnder-writ,
Heere may you see the Tyrant.
Macb. I will not yeeld
To kisse the ground before young *Malcolmes* feet,
And to be baited with the Rabbles curse.
Though Byrnane wood be come to Dunsinane,
And thou oppos'd, being of no woman borne,
Yet I will try the last. Before my body,
I throw my warlike Shield: Lay on *Macduffe*,
And damn'd be him, that first cries hold, enough.

Exeunt fighting.   Alarums.

Enter Fighting, and Macbeth slaine.
Retreat, and Flourish. Enter with Drumme and Colours,
Malcolm, Seyward, Rosse, Thanes, & Soldiers.

Mal. I would the Friends we misse, were safe arriu'd.

Sey. Some must go off: and yet by these I see,
So great a day as this is cheapely bought.
Mal. *Macduffe* is missing, and your Noble Sonne.
Rosse. Your son my Lord, ha's paid a souldiers debt,
He onely liu'd but till he was a man,
The which no sooner had his Prowesse confirm'd
In the vnshrinking station where he fought,
But like a man he dy'de.
Sey. Then he is dead?

Was das Herz wünscht. – Mit dir kämpf ich nicht.
MACDUFF Dann ergib dich Feigling
 Und lebe als das Schaustück des Jahrhunderts:
 Statt deines Kopfs steckt uns dein Bild auf Stangen
 Und drunter steht »Hier sehn Sie den Tyrannen.«

MACBETH Mich ergeben soll ich, soll den Boden
 Küssen, den Klein Malcolms Fuß betrat
 Mich soll des Pöbels Fahne hetzen, wie.
 Zwar lief von Birnam bis nach Dunsinane
 Der Wald, und du, der hier mir trotzt, du fielst
 Aus keinem Frauenschoß, und ich tu dennoch
 Was ich kann: vor meine Brust werf ich
 Den Eisenschild des Kriegs. Macduff, dein Zug:
 Verdammt sei, wer zuerst schreit »Halt, genug!«

9

MALCOLM Wer jetzt noch fehlt, soll glücklich uns zurück-
 kehr'n.
SIWARD Abgänge sind normal. Seht, wer noch da ist:
 Der große Tag kam billig uns zu stehn.
MALCOLM Macduff fehlt. Euer edler Sohn fehlt auch.
ROSSE Eu'r Sohn, Mylord, beglich die Schuld des Kriegers:
 Er lebte lang genug, ein Mann zu werden
 Der kaum, daß er es ist, bewiesen hatte
 Als er, durch Dick und Dünn sich vorwärts kämpfend
 Auch wie ein Mann schon starb.
SIWARD   So ist er tot.

Rosse. I, and brought off the field: your cause of sorrow
  Must not be measur'd by his worth, for then
  It hath no end.
Sey. Had he his hurts before?
Rosse. I, on the Front.
Sey. Why then, Gods Soldier be he:
  Had I as many Sonnes, as I haue haires,
  I would not wish them to a fairer death:
  And so his Knell is knoll'd.
Mal. Hee's worth more sorrow,
  And that Ile spend for him.
Sey. He's worth no more,
  They say he parted well, and paid his score,
  And so God be with him. Here comes newer comfort.
    Enter Macduffe, with Macbeths head.
Macd. Haile King, for so thou art.
  Behold where stands
  Th' Vsurpers cursed head: the time is free:
  I see thee compast with thy Kingdomes Pearle,
  That speake my salutation in their minds:
  Whose voyces I desire alowd with mine.
  Haile King of Scotland.
All. Haile King of Scotland.   *Flourish.*
Mal. We shall not spend a large expence of time,
  Before we reckon with your seuerall loues,
  And make vs euen with you. My Thanes and Kinsmen
  Henceforth be Earles, the first that euer Scotland
  In such an Honor nam'd: What's more to do,
  Which would be planted newly with the time,
  As calling home our exil'd Friends abroad,
  That fled the Snares of watchfull Tyranny,
  Producing forth the cruell Ministers

ROSSE Und aufgebahrt. Meßt Eure Trauer nicht
  An seinem Wert: sie fände dann kein Ende.

SIWARD Trug er die Wunden vorn?
ROSSE   Ja, auf der Stirn.
SIWARD Nun also, er starb als Soldat des Schöpfers
  Wär'n mir die Söhne wie die Haare zahlreich
  Ich wünschte keinem einen schön'ren Tod:
  Und somit Staub zu Staub.
MALCOLM   Mehr Trauer steht ihm zu
  Und die trag ich für ihn.
SIWARD   Mehr steht ihm nicht zu!
  Sie sagen, er starb brav, den Einsatz zahlend
  Und drum Gott mit ihm. Hier naht unser Trost.

MACDUFF Heil dir, mein König, denn das bist du: sieh
  Dort das verfluchte Haupt des Usurpators:
  Die Zeit ist frei. Ich sehe dich umringt
  Von allen Perlen deines Königreichs
  Sie sprachen meinen Gruß im Geiste mit
  Und tun's jetzt laut, wie ich es es tue: Heil dir
  Schottlands König!
ALLE   Heil dir, Schottlands König!
MALCOLM Wir wollen Zeit nicht sehr in Anspruch nehmen
  Eh Wir die Unterstützung euch entgelten
  Und Unsre Schuld abtragen. Meine Thans
  Und meine Blutsverwandten, führt ab heute
  Den Grafentitel, und seid so die ersten
  Die in Schottland diese Würde tragen.
  Was mehr zu tun ist, wird die neue Zeit
  Uns pflanzen – wie die Freunde heimzuholen
  Die den Schlingen des Bewachungsstaats

Of this dead Butcher, and his Fiend-like Queene;
Who (as 'tis thought) by selfe and violent hands,
Tooke off her life. This, and what need full else
That call's vpon vs, by the Grace of Grace,
We will performe in measure, time, and place:
So thankes to all at once, and to each one,
Whom we inuite, to see vs Crown'd at Scone.

Flourish.   ^*eunt Omnes.*

FINIS.

Entkamen, die erbarmungslosen Helfer
Des toten Schlächters aufzuspüren und
Seiner Teufelin von Gattin, die wie's, heißt
Von eigner Hand gewaltsam starb – dies alles
Und mehr, das dringend nach Uns ruft, wird jetzt
Ist Gnade gnädig, maßvoll umgesetzt.
Wir bitten Euch, das Reich Uns neu zu einen
In Scone zu Unsrer Krönung zu erscheinen.

Dramatis Personæ

DUNCAN *König von Schottland*
MALCOLM *sein ältester Sohn und Thronerbe*
DONALBAIN *sein jüngerer Sohn*
MACBETH *1. Feldherr des Königs*
LADY MACBETH *seine Frau*
SEYTON *sein Vertrauter*
KAMMERFRAU *der Lady*
BANQUO *2. Feldherr des Königs*
FLEANCE *sein Sohn*
MACDUFF
LENOX
ROSSE
MENTETH
CATHNESS
ANGUS
SIWARD *General der englischen Truppen*
DER JUNGE SIWARD *sein Sohn*
BLUTIGER HAUPTMANN *des schottischen Heeres*
DOKTOR *auf Burg Dunsinane*
DOKTOR *am englischen Hof*
PFÖRTNER *auf Burg Inverness*
EIN ALTER MANN
DREI MÖRDER
WACHSOLDAT *auf Burg Dunsinane*
HEKTATE
DIE DREI SCHLIMMEN SCHWESTERN
BANQUOS GEIST *und andere Erscheinungen*
Thans, Soldaten, Diener, Kammerfrauen

Anmerkungen

I, i, 2   *Lightning*
deutet darauf hin, daß das Stück nicht am Nachmittag in den öffentlichen Theatern unter freiem Himmel aufgeführt wurde, sondern in geschlossenen Räumen vor aristokratischem Publikum (Blackfriars etc.), wo mit Fackeln Blitzeffekte erzeugt werden konnten (s. auch torches, I, vi, 2/I, vii, 29) (Whalen)

I, i, 5   *Hurley-burley*
Tumult, Aufstand; Halles *Chronik* (1548), Goldings Ovid (1568)

I, ii, 8   *Serieant* − Sergeant

I, ii, 20   *And Fortune on his damned Quarry smiling*
»statt quarrel der Editoren. − Quarry, die aufgehäuften Leichen, das erlegte Wild der Jagd − die Leseart des Originals ist kräftiger, als Johnsons [Hanmers] Verbesserung.« (Tieck)

I, ii, 30   *valiant Cousin*
Macbeth und Duncan waren Enkel von König Malcolm

I, ii, 38   *furbusht* − Var. furbished (Rowe)

I, ii, 68   *Point against Point, rebellious Arme 'gainst Arme,*
»so ist die ganz richtige Interpunction des Originals, wogegen die Edit.

    Point against point rebellious, arm 'gainst arm,

lesen — Arm ist gegen Arm rebellious gewendet, ohne daß deßhalb Macbeths Arm der eines Rebellen ist. Diese Sorge hat aber wahrscheinlich die unnöthige Anbetung herbeigeführt.« (Tieck)

I, ii, 75   *at Saint Colmes ynch*
Inchcolm, eine kleine Insel im Firth of Forth

I, iii, 10   *Tiger*
ein Schiff dieses Namens (ein beliebter Schiffsname zur Shakespearezeit) fuhr 1583 mit königlichen Empfehlungsschreiben nach Aleppo (McClarran)

I, iii, 11   *Syue* − sieve

I, iii, 35   *weyward*
auch *weyard, wayward.* Var. weïrd (auch bei Holinshed)

I, iii, 43   *How far is't call'd to Soris*
Var. Foris, Forres; ein spezifisch schottischer Ausdruck (AE)

I, iii, 62   *wrapt* − Var. rapt

I, iii, 96   *Toth'* – To th'

I, iii, 116f. *as thick as Tale/Can post with post*
    Var. as thick as hail/Came post with post (Rowe) mit Bezug zu
    Holinshed

I, iii, 145   *Theame* – theme

I, iii, 151   *Heire* – Var. hair (Rowe)

I, iii, 167   *Time, and the Houre, runs through the roughest Day.*
    italienischer Anklang (Dyce 1853, AE)

I, iii, 172   *registred* – registered

I. iii, 177   *Interim*
    nur hier und in *Julius Cäsar* II, i, 64 in der Folioausgabe kursiv und
    großgeschrieben

I, iv, 46   *Sonnes, Kinsmen*
    hier wird von einigen Editoren eine gekürzte Passage vermutet

I, iv, 56   *Herbenger* – harbinger

I, iv, 61   *o're-leape* – overleap

I, v, 29   *impeides* – impedes

I, v, 50   *compunctious* – singuläres Wort bei S. (AE)

I, vi, 9   *Barlet* – Var. martlet

I, vi, 12   *Buttrice* – Buttresse

I, vi, 19   *God-eyld* – God yield

I, vi, 27   *Ermites* – hermits

I, vi, 29   *courst* – coursed

I, vii, 2   *Ho-boyes. Torches. ...*
    »Hoboen und Fackeln. Ein Vorschneider und mehrere Diener mit
    Schüsseln gehn über die Bühne« (Ü Tieck)

I, vii, 10   *Banke and Schoole of time*
    Var. shoal, eventuell auch alte Scheibweise von school (AE). Tieck
    argumentiert (nicht als Einziger) ausführlich für die Schule: »wäre
    Alles nur beendigt in dieser Schule der Gegenwart. Upon this bank,
    Bank ist hier die Schülerbank, time, wie so oft Jetzt, die Gegenwart:
    aus school haben die Editoren shoal, die Scholle gemacht, die
    Sandbank. Diese seyn sollende Verbesserung paßt aber nicht zum
    Folgenden und erstickt den Gedanken des Dichters.«

I, vii, 26   *Heauens Cherubin*
    da S. nicht zugetraut wird, zu wissen, daß im Hebräischen cheru-
    bim Plural ist, wird hier generell die Var. cherubins eingesetzt

I, vii, 27   *Curriors* – couriers

I, vii, 66	*Gummes* – gums
I, vii, 75	*Wassell* – wassail
I, vii, 77	*Receit* – receipt
I, vii, 82	*spungie* – spongy
I, vii, 91	*Clamor rore* – clamour roar
II, i, 22	*This Diamond he greetes your Wife withall*

Hier wird eine Anspielung auf Mary Stuart vermutet (s. Chronologie 1587)

II, i, 41	*counsail'd* – counselled
II, i, 57	*Sences* – senses
II, i, 66	*Centinell* – sentinel
II, i, 68	*sides*

»Schon öfter ist bemerkt, daß sides für den Sitz der Leidenschaft angenommen und poetisch so gebraucht worden, wie die Alten für Wollust und heftige Liebesbrunst die Eingeweide und die Leber nannten. ... Warum die Editoren *strides* statt *sides* lesen, ist unbegreiflich.« (Tieck)

II, i, 69	*sowre* – Var. sure (Pope)
II, ii, 3	*them* – in der Folio mit Strich über dem e, hier nicht darstellbar; ebenso V, vi, 15
II, ii, 8	*surfeted* – surfeited
II, ii, 48	*Sleeue* – sleave
II, iii, 5	*old* – im Sinne von häufig
II, iii, 8	*on th' expectation of Plentie*

»in Erwartung einer reichen Ernte« (Tieck), s. Nachwort

II, iii, 10	*enow* – enough
II, iii, 11	*Equiuocator* – Zweideutler (Tieck), s. Nachwort
II, iii, 17	*Goose* – Bügeleisen
II, iii, 18f.	*this place is too cold for Hell*

Offensichtlich eine Anspielung auf Dantes *Inferno*. Im neunten Kreis der Hölle endet man für »Gewaltverbrechen, Betrug und Verrat«: »In der untersten Höllentiefe, der Judecca, liegen vom Eis völlig bedeckt diejenigen Sünder, die ihren Herrn und Wohltäter verraten haben« (wikipedia), wenn auch die AE S. so eine Anspielung nicht zutrauen will

| II, iii, 52 | *slipt* – slipped |
| II, iii, 81 | *The Lords anoynted Temple* |

eine für Shakespeare zentrale, auf biblischen Zitaten beruhende

Auffassung der Königswürde (Stritmatter lt. Klier 2004, 177); daher kaum als Referenz an Jakob I. zu sehen (AE)

II, iii, 94   *Sprights* – sprites

II, iii, 136   *pawser* – pauser

II, iv, 16   *A Faulcon towring in her pride of place*
Exakter Begriff aus der Falknerei (AE), S.s Lieblingssport

II, iv, 21   *flong* – flung

II, iv, 29   *How goes the world Sir, now?*
vgl. die erste Szene von *Timon aus Athen*

II, iv, 41   *liues* – life's

III, i, 13   *Senit* – sennet

III, i, 13   *Lady Lenox* – Var. Lady Macbeth oder Lady, Lenox

III, i, 37   *Cozens* – cousins

III, i, 96   *Past* – passed

III, i, 114   *Mungrels, Curres, Showghes* – mongrels, curs, shoughs

III, i, 119   *bounteous Nature*
die AE weist darauf hin, daß dieser Begriff (naturae benignitas) von Erasmus stammt: S. »may have read the passage at school«. Der Abschnitt spricht von »diverse Wolves, Dogs of an unspeakable variety«; S. hingegen listet einen Katalog von Hunderassen auf, was auf einen (aristokratischen) Hundeliebhaber schließen läßt

III, i, 133   *spight* – spite

III, ii, 32   *Leuie* – levy

III, ii, 47   *Coppie* – copy

III, iv, 48   *Remembrancer*
Anspielung auf die höfischen Ämter The King's Remembrancer etc. (Cunningham, AE)

III, iv, 67   *goary* – gory

III, iv, 129   *Desart* – desert

III, v, 15   *Spightfull* – spiteful

III, v, 29   *slights* – Var. sleights (Collier)

III, v, 30   *Sprights* – sprites

III, v, 40   *Sing within. Come away, come away, &c.*
in Middletons *The Witch* III, iii gibt es ein Lied mit diesem Anfang (s. Nachwort)

III, vi, 36   *(with him aboue)*
die Klammer nach above ist offensichtlich ein Druckfehler

IV, i, 6   *Caldron* – cauldron (s.u., V, i, 13)

IV, i, 34   Grewell – gruel
IV, i, 35f.   Chawdron ... Cawdron – chaudron ... cauldron
IV, i, 47   *Musicke and a Song. Blacke Spirits, &c.*
        findet sich ebenfalls in *The Witch* V, ii. Muir bemerkt dazu: »Es ist
        zu hoffen, daß dieses Lied für *Macbeth* geändert wurde« (AE, dort ist
        der Text abgedruckt)
IV, i, 64   *Germaine* – Var. germens
IV, i, 78   *deaftly* – deftly
IV, i, 115   *boadments* – bodements
IV, i, 132   *eight Kings*
        Mary Stuart wird in der Ahnenfolge ausgelassen
IV, i, 143   *two-fold Balles*
        hier wird eine Anspielung auf die doppelte Krönung James I.
        vermutet
IV, ii, 11   *Titles*
        Juristensprache: Rechtstitel, insbesondere auf Grundbesitz
IV, ii, 52   *by* – buy (DF)
IV, ii, 83   *nie* – nigh
IV, ii, 98   *shagge-ear'd* – Var. shagge-haired (Steevens), der einen
        Lesefehler shaggeard stattt shagheard vermutet
IV, iii, 19   *discerne* – Var. deserve
IV, iii, 24   *recoyle* – recoil
IV, iii, 42   *affear'd* – affeered (Rechtsbegriff)
IV, iii, 71   *Sodaine* – sudden
IV, iii, 93   *I should cut off the Nobles for their Lands,*
        Entmachtung des Adels; vgl. *Timon aus Athen* und Robin Fox über
        Heinrich XVII. und Oxford
IV, iii, 103   *Foysons* – foisons
IV, iii, 129   *Brest* – breast
IV, iii, 135   *traines* – trains (Jagdbegriff (AE))
IV, iii, 209   *gos't* – goes't
IV, iii, 245f.   *the griefe that do's not speake ... bids it breake*
        Übernahme aus Seneca, *Hippolytus* (AE 134)
IV, iii, 256   *Damme* – dam
IV, iii, 275   *time* – Var. tune (Rowe)
V, i, 4   *too* – two (DF)
V, ii, 2   *Colours* – Fahnen
V, ii, 14   *vnruffe* – unrough

V, iii, 10   *And mingle with the English Epicures,*
zu diese Passage ausführlich Peter Moores *Macbeth*-Studie

V, iii, 12   *sagge* – sag
einziges Vorkommen bei Shakespeare, ebenfalls in Goldings Ovid-Übersetzung (AE)

V, iii, 22   *Counsailers* – counsellors

V, iii, 26   *dis-eate* – Var. disseate (Steevens)

V, iii, 28   *Seare* – sere

V, iii, 31   *steed* – stead

V, iii, 43   *moe* – more (von S. parallel verwendete Schreibweise)

V, iii, 67   *scowre* – scour

V, iv, 19   *to be giuen* – Var. to be gone

V, v, 24f.   *Creepes in this petty pace from day to day, To the last Syllable*
vgl. hierzu Tiecks Assoziationen an die Schulzeit: »... scheint er mir nebenher an die frühesten Lesestunden und den Unterricht des Knaben zu denken. ... man muß fast an den aufzeigenden Griffel im Schulbuch deuten, der sich im kleinen Schritt fort bewegt, ... bis zur letzten Zeile«. Zur petty school s. Robin Fox

V, vi, 6   *Skreenes* – screens

V, vii, 10   *hoter* – hotter

Nachwort

Zu dieser Edition

Im Nachwort zum ersten Band dieser Ausgabe (*Timon aus Athen*) haben wir die Prinzipien unserer Edition dargelegt und ausführlicher begründet, insbesondere die Entscheidung, auf den englischen Originaltext zurückzugehen (was nur einen Trend aufnimmt, den schon Ludwig Tieck wütend einforderte und z. B. Kenneth Muir fortsetzte, der in hunderten von Fällen zur ursprünglichen Lesart zurückkehrte (AE ix)). Zusammengefaßt:

- als englischer Text wird der (im Falle von *Macbeth*) einzige Originaltext des Stücks wort- und zeichengetreu dargeboten: der der ersten Shakespeare-Sammelausgabe (»First Folio«) von 1623.
- Die deutsche Übersetzung ist auch immer als Kommentar zum englischen Text zu verstehen, die den Leser in der Regel schnell den Sinn des Originaltextes erfassen läßt. Die Übersetzung spart das Nachsehen im Kommentar, der in englischen Ausgaben inzwischen vom Umfang her den des Textes ja meistens weitaus überwiegt.
- Bei fehlenden Vokabeln hilft meist ein einfaches Nachschlagen bei den bekannten Online-Wörterbüchern, die wir hier nicht ersetzen wollen
- Fast alle – bei Shakespeare bekanntlich häufiger als bei jedem anderen Autor zu findenden – seltenen Ausdrücke sind interessanterweise in der Orthographie meistens identisch mit der heutigen Schreibweise, was daran liegen mag, daß die sperrigen Vokabeln des Urtextes

heute fast immer noch dieselben wie vor mehr als 400 Jahren sind – und heute genauso selten wie zur Shakespeare-Zeit. Mit anderen Worten: altertümlich anmutende Wörter sind eher nicht durch altertümliche Schreibweise fremd, sondern durch ihre Seltenheit, ja Einzigartigkeit.

- Im Anhang wird bei einigen orthographisch abweichenden Wörtern zusätzlich die moderne Schreibweise angegeben. Offensichtliche Druckfehler und von verschiedenen Herausgebern vorgeschlagene denkbare Varianten werden ebenfalls vermerkt und ggf. diskutiert

Die ›Modernität‹ des Originaltextes zeigt sich bei *Macbeth* noch deutlicher als bei *Timon*: die ›Übersetzung‹ alter Schreibweisen in den Anmerkungen ist hier noch weniger erforderlich.

Zum Stück

Textgrundlage

Einziger Quelltext ist die »First Folio« von 1623. Bei dem Stück handelt es sich also um eine aus dem Nachlaß des Verfassers (wem immer man die Verfasserschaft zuschreibt) herausgegebene Schrift; daher kann es nicht genügend betont werden, daß alle Aussagen über Entstehungsgeschichte, Zusammenarbeit mit anderen Autoren, redaktionelle Eingriffe etc. letztlich nichts als mehr oder minder plausible Spekulationen sind. Wenn z. B. immer wieder behauptet wird, daß Macbeth aufgrund seines geringen Umfangs gekürzt sein muß, so ist es bisher niemandem gelungen, solche Kürzungen schlüssig nachzuweisen.

Quellen

Stewart, Holinshed

Für einige wichtige Details der Handlung wurde zuerst von C. Stopes (AE xxxix) auf das 1535 verfaßte umfangreiche Versepos *Buik of the Croniclis of Scotland* des Tudor-Abkömmlings William Stewart als Quelle hingewiesen, das bis 1858 nur im Manuskript vorlag. Da für Stratfordianer die Möglichkeit, daß ihr Verfasser dieses Werk gekannt haben könnte, kaum glaubhaft einzuräumen ist, werden diese Parallelen von ihnen als »very weak« (Muir) abgetan; Oxfordianer hingegen sehen das anders: »Shakespeare's debt to the manuscript is clear-cut and undeniable« (Barrell, Malim 37, 113f.). Zumindest können sie plausibel nachweisen, wann Oxford dieses Manuskript kennengelernt haben könnte: bei einem Besuch von Lady Lenox, der Mutter des 1567 ermordeten Lord Darnley (2. Gatte von Mary Stewart) im September 1574 bei Lord Burghley. Wenn dies auch alles kein wirklicher Beweis sein mag, so ist doch zumindest die ansonsten unmotiviert erscheinende Präsenz der historisch unbedeutenden Lord und Lady Lenox in *Macbeth* (Whalen) durch diese Begegnung in einen Kontext von Staats- und Familiengeschichte einzuordnen.

Ein weiterer Aspekt der Familiengeschichte Oxfords und seines Ziehvaters Burghley verbindet sich mit dem Namen Raphael Holinshed, dem nominellen Verfasser der 1577 zuerst erschienenen monumentalen *Chronicles of England, Scotland, and Ireland*, die als Hauptquelle für Shakespeares Historien, *Macbeth, Lear* u.a. gelten.

»Holinshed war jedoch wie Hall seinen Zeitgenossen als Schriftsteller unbekannt. Das Werk ist Willliam Cecil, Lord Burghley, gewidmet... Im Vorwort behauptet er, daß er für Reyner Wolfe gearbeitet hat, einem Holländer, der den privilegierten Status eines *Queen's Printer* innehatte. Wolfe war 1573 gestorben ohne seine Universalgeschichte zu vollenden. Gemäß dieser Widmung sprang Holinshed mutig in diese Bresche, um das Werk erfolgreich zuende zu bringen ... Wer war der Schriftsteller, der Wolfes großes Projekt übernahm? ›Von seinem Leben‹, schreiben die Herausgeber des *Holinshed Projekt* der Oxford University Press, ›ist sehr wenig wirklich bekannt. Er könnte aus Cheshire stammen, soll in Cambridge gewesen sein und könnte in geistlichen Diensten gearbeitet haben.‹ Das ist nicht unbedingt die Biographie eines gelehrten und weisen Mannes wie John Foxe. ... Ein Jahr nach der Veröffentlichung dieses großen Werkes, dem ein größeres, umfassenderes folgte, arbeitete Holinshed als Verwalter für Thomas Burdet aus Bramcote in Warwickshire. Er starb bald darauf und sein Testament, in dem er von sich als Burdets Diener sprach, wurde im April 1582 bestätigt.

Gemäß den Herausgebern des *Holinshed Project*s wurde Holinshed in der ersten Auflage von Richard Stanihurst ... und von William Harrison unterstützt...

Ich vermute, daß Holinshed genau deshalb als ›Galionsfigur‹ für die Veröffentlichung dieser Universalgeschichte ausgewählt wurde: weil er unbekannt war. Ein historischer Bezug auf ihn (offensichtlich übersehen vom *Oxford Dictionary of National Biography* und den Herausgebern des *Holinshed Project*) war seine Mitwirkung an einer 17köpfigen Jury im Jahre 1567. Diese

Jury urteilte über den Todesfall von Thomas Brinknell, einen Koch in Cecil House, der durch die Degenspitze des Grafen von Oxford ums Leben kam. Gemäß Oxfords Biographen Alan Nelson hatte Cecil kein schlechtes Gewissen dabei, die Jury so zu beeinflussen, damit sie herausfand, daß der unglückliche Koch Selbstmord begang, indem er bewußt gegen die Spitze des Degens rannte.

Meine Hypothese ist, daß Holinshed von Cecil selbst als namentlicher Verfasser ausgewählt wurde, um sowohl die tatsächlichen Verfasser zu verstecken … als auch sein persönliches Interesse an der Veröffentlichung.« (Gilvary 2011)

Man wird, nicht nur von oxfordianischer Seite, solche Überlegungen mit einbeziehen müssen, bevor man (wie üblich) von Holinsheds Chronik als *der* Quelle für Shakespeare redet, und zwar immer nur von der zweiten Auflage aus dem Jahre 1587, als hätte nicht auch die erste schon all das, was sich dann in Shakespeares Dramen wiederfindet (und sogar noch mehr, z. B. die unten abgebildete Illustration der Begegnung mit den Hexen). Und wenn die zweite Auflage wegen stärkerer Wortanklänge als Shakespeares Quelle angesehen wird, so ist es zwar ein ungewohnter Gedanke, aber an sich doch eine banale Annahme, daß die Beeinflussung auch in entgegengesetzter Richtung stattgefunden haben könnte.

Die Bewertung solcher Parallelen ist (wie bei allen Shakespeare-Dramen) also ohne einen Rückgriff auf die Verfasserschaftsdebatte unvollständig, die als implizite Annahme ja auch immer in bisher vorgegebenen Standard-Aussagen vorausgesetzt wird: Shakspere aus Stratford war

1577 noch zu jung, also kann es nur Holinshed in der zweiten Auflage gewesen sein etc. Die Hauptquelle eines Verfassers wäre natürlich immer das dokumentierte und nachvollziehbare eigene Erleben, aus dem er »schöpft«. Diese Quelle ist aber wenn überhaupt nur indirekt zu erahnen; Tagebucheintragungen wie »heute mal wieder im Holinshed geblättert: die Macbeth-Story könnte doch ein spannendes Drama abgeben« etc. sind allenfalls bei den Fälschern des 18./19. Jahrhunderts zu finden.

Datierung

a) Historisierende Zuschreibungen

»Chambers datiert *Macbeth* auf 1605–6, indem er es − wie die meisten Forscher − mit der Pulververschwörung, dem *Gunpowder Plot* von 1605 und dem darauffolgenden Prozeß gegen den Jesuitenpater Henry Garnet in Verbindung bringt. Und doch betrachtet Chambers das Datum als

möglich, aber nicht als sicher, worin ihm Kenneth Muir im Arden-*Macbeth* (1951/84) und Nicholas Brooke im Oxford-*Macbeth* (1990) zustimmen. ... Die bekannteste Anspielung auf den Gunpowder Plot in *Macbeth* liegt in dem Wort ›equivocation‹ (Zweideutigkeit, geheimer Vorbehalt, reservatio mentalis), insbesondere in der Szene II.ii, der Pförtnerszene, wo offensichtlich auf die jesuitische Doktrin angespielt wird, die beim Prozeß gegen Garnet eine Rolle spielte. Die Schwäche dieses Arguments in bezug auf die Datierung wurde von Chambers klar erkannt, der feststellt: ›die jesuitische Doktrin der reservatio mentalis war allgemein bekannt, und zwar spätestens seit dem Prozeß gegen Robert Southwell 1595‹ (I.474). Auch in Theaterstücken wird schon vor 1606 darauf bezug genommen ... Auch in *Hamlet* finden wir eine dazu passende Stelle: ›We must speak by the card or equivocation will undo us‹ (Wir müssen nach der Schrift sprechen, oder er sticht uns mit Silben zu Tode; V.i.133-4). ...

Insgesamt muß man sagen, daß der feste Glaube, *Macbeth* beziehe sich eindeutig auf den Gunpowder Plot, zerrinnt, wenn man die entsprechenden Details in den historischen Kontext setzt.« (Moore 1999)

Dasselbe gilt auch für weitere politisch-dynastische Argumentationen, z. B. Arthur M. Clarks Vermutung, »daß Macbeth 1601 als Reaktion auf die Gowrie-Verschwörung entstanden sein könnte, die sich ebenfalls gegen James' Leben richtete.« (Moore 1999). Walter Klier merkt zu solchen historischen Zuordnungsversuchen zutreffend nüchtern an: »So wird von *Macbeth* (gedruckt 1623) gesagt, daß er eine Art Begrüßungsgeschenk für den Nachfolger Elizabeths, den aus Schottland kommenden ersten Stuartkönig James I. gewesen sei, weil im Stück von einer Erbfolge der schottischen Könige die Rede sei, die letztlich auf James verweise. ... Nun läßt sich nicht nur nicht nachweisen, daß James das Stück gesehen oder überhaupt je davon gehört hat, bei genauerem Bedenken erscheint es auch als eine zumindest zwiespältige Ehrengabe an den neuen König, wenn das Land, aus dem er kommt, als derart schauerliche Räuberhöhle und Mördergrube geschildert wird.« (Klier 1997)

Das große Problem chronologischer Festlegungen ist, daß sie meistens mit einer Zuordnung der handelnden Personen zu historischen Personen daherkommen, insbesondere den Monarchen Elisabeth I. und James I. Es ist natürlich ein fundamentaler Unterschied, ob man annimmt, daß das Stück vor oder nach dem Thronwechsel im Jahre 1603 »entstanden« ist oder auch nur aufgeführt wurde. An diesem nicht nur historischen sondern auch psychologischen Problem ist bereits Sigmund Freud gescheitert. Noch als Stratfordianer trägt er 1916 an Realien »zu Shaxsper nur die Legende vom ›Gelegenheitsstück, zur Thronbesteigung des bisherigen Schottenkönigs James gedichtet‹ vor ... Die biographischen Realien werden stattdessen bei Elisabeth und James gesucht; die Verbindung beider zum Stück bleibt aber offen und wird von ihm nicht zuende gedacht, sondern als ›unlösbar‹ bezeichnet. ... 1917 rekapituliert Freud noch einmal die *Macbeth*-Debatte und gesteht im Nachhinein, daß die Anbindung an die Shaxspere-Realie keinerlei Erkenntnisgewinn gebracht hat:

>»Merken wir uns aber eine Eigentümlichkeit des Traumlebens, die bei dem Studium dieser Reizeinwirkungen zum Vorschein kommt. Der Traum bringt den

Reiz nicht einfach wieder, sondern er verarbeitet ihn, er spielt auf ihn an, reiht ihn in einen Zusammenhang ein, ersetzt ihn durch etwas anderes. Das ist eine Seite der Traumarbeit, die uns interessieren muß, weil sie vielleicht näher an das Wesen des Traumes heranführt: Wenn jemand auf eine Anregung hin etwas macht, so braucht diese Anregung darum das Werk nicht zu erschöpfen. Der *Macbeth* Shakespeares z. B. ist ein Gelegenheitsstück, zur Thronbesteigung des Königs gedichtet, der zuerst die Kronen der drei Länder auf seinem Haupt vereinigte. Aber deckt diese historische Veranlassung den Inhalt des Dramas, erklärt sie uns dessen Größen und Rätsel?« (Freud, vgl. Laugwitz 87f.)

Diese vage allgemeine Erkenntnis hindert ihn nicht daran, sich noch 1928 weiter um die Historie zu bemühen:

»Ich meinte, es sei Elisabeth – die kinderlose –, die Shakespeare den Charakter seiner Lady Macbeth eingegeben, von dem er in den historischen Quellen so wenig fand. Wenn in Akt V.5 der Ruf laut wird: The queen is dead, so mag der Londoner jener Zeit gemahnt worden sein, wie wenig lang vorher er die gleiche Nachricht gehört, so daß ihm die Identifizierung der beiden Königinnen nahe gelegt war. Berichte über die Depression und Reue der Elisabeth nach Essex' Hinrichtung können dem Dichter den Stoff für die Darstellung der Gewissensqual der Lady gegeben haben. Eigentlich hatte auch Elisabeth einen Gast, der sich ihr anvertraut (Mary Stuart), töten lassen, und dieser Mord konnte den an Essex decken. Soweit es eben möglich ist, dachte ich, scheint die Zeitgeschichte durch die Ausarbeitung des Sagenstoffes durch Shakespeare zwar genötigt, den Charakter der Elisabeth auf zwei Personen, Macbeth und die Lady, aufzuteilen, die einander aber ergänzen und damit zeigen, daß sie eigentlich nur ein Mensch sind. In dem Paar Macbeth ist Elisabeths Unschlüssigkeit, ihre Härte wie ihre Reue dargestellt.« (ebd. 111f.)

Angesichts solcher ungeordneten Überlegungen, die exemplarisch für einen Großteil der *Macbeth*-Literatur sind (mit Ausnahme vollkommen textimmanenter Ansätze wie den von Peter Moore 2009), erscheint es mir sinnvoll, eine Chronologie der historischen/chronologischen Anknüpfungspunkte zu *Macbeth* vorzulegen, an der sich jeder Leser seine eigenen Referenzen markieren kann.

b) eine *Macbeth*-Chronologie

1567 In den Berichten über die Ermordung Lord Darnleys [der zweite Ehemann der schottischen Königin Mary Stuart] durch James, Earl of Bothwell, 1567, die dem Kanzler Burghley (Oxfords Schwiegervater) vorlagen, begegnet man ... Motiven, die sich in der *Macbeth*-Szene wiederfinden, wo unter Verletzung der Gastfreundschaft der alte König Duncan umgebracht wird. Zu dieser Zeit lag es im englischen Interesse, die Zustände in Schottland als zerrüttet oder jedenfalls instabil hinzustellen. (Klier 1997)

1567/68 *The King of Scots* am Hof aufgeführt (Gilvary 370), ein Stück, über das nichts bekannt ist und um so mehr spekuliert wird (zunehmend auf okkulten Internetseiten)

1569 Der 17. Earl of Oxford nimmt als 19jähriger mindestens sechs Monate lang an einer militärischen Expedition in den Norden und nach Schottland teil (Whalen), woraus eine engere Vertrautheit mit Schottland (speziell auch aus militärischer Sicht) abgeleitet werden kann

1572 Bartholomäusnacht, Massaker an den französischen Protestanten, eingeleitet durch ein Glockenläuten Katharina von Medicis (Malim 114)

1574 aus Burghleys Notizen: »19th Sept. Sunday, Lady Lenox, Earl of Oxford, Lord Northumberland, Lady Northumberland. ... 20th Sept. Monday. Lady Margaret Lennox (i.e., daughter of the Countess) Earl of Oxford. Lady Lennox, Lady Hunsdon.« (Malim)

1577 Holinshed, *Chronicles of England, Scotland, and Ireland* erscheint in der 1. Auflage

3. 3. 1579 »The history of murderous mychaell ... shewen at Whitehall ... by the Lord Chamberleynes servauntes« (Barrell). Wenn es sich hier wie vermutet um eine frühe Fassung von *Arden of Feversham* handelte, wäre sie die erste Tragödie, die Holinshed als Quelle benutzt (s. auch AE xli zu *Macbeth*-Parallelen)

1581 der jesuitische Priester Edmund Campion hingerichtet. Er wurde u.a. wegen »verbal equivocation« angeklagt (Anthony Munday, *A Discoverie of Edmund Campion, and his complices*, Gilvary 372)

1583-84 Reise der *Tiger* über Aleppo nach Indien und China (McClarran 267)

1587 Mary Stuart hingerichtet. In den Hinweisen auf den Diamanten (II, i, 22) und den Begriff des *double trust* (I, vii, 16) werden von vielen Oxfordianern deutliche Parallelen zwischen der Geschichte Mary Stuarts und der *Macbeth*-Handlung gesehen

1588 Ermordung des Herzogs von Guise (23. 12.) durch den französischen König Henri III und dessen darauffolgender Tod (2. 8. 1589), weiterer möglicher zeitgeschichtlicher Bezug (E. T. Clark lt. Klier 1997)

1590 North Berwick witch trials, erste große Hexenprozesse in Schottland unter Beteiligung von James VI. (später James I. von England)

21. 1. 1595 Robert Southwell, u.a. Verfasser einer Schrift zur *reservatio mentalis*, hingerichtet

1596 wird eine am 27. 8. registrierte, von Thomas Millington »contrary to order« gedruckte »Ballade« über »Macdobeth« (zusammen mit einer anderen mit dem Titel *the Taminge of a Shrew*) eingezogen und der Drucker mit einer Geldstrafe belegt. (Klier 1997) Über den Inhalt ist lediglich folgendes bekannt: »I met a proper upright youth … a penny Poet whose first making was the miserable stolen story of Macdoel, or Macdobeth, or Macsomewhat: for I am sure a Mac it was, though I never had the maw to see it.« (William Kemp, *Nine Days' Wonder* (reg. 22. 4. 1600), Chiljan 378). Es handelt sich also wohl um ein *Macbeth*-Plagiat; also ist das Jahr 1596 als erstes sicheres Aufführungsdatum anzunehmen

1597 James I. schreibt *Daemonologie*, »a tract which opposed the practice of witchcraft and which provided background material for Shakespeare's Tragedy of *Macbeth*. James personally supervised the torture of women accused of being witches. After 1599, his views became more sceptical.« (wikipedia)

1598 »Nach zwei Jahren mit schlechten Ernten (1596 und 1597) und hohen Preisen bis zum Frühjahr 1598 brach dank einer ordentlichen Ernte im Herbst jenes Jahres der Getreidepreis zusammen, was sich bis 1599 fortsetzte, als womöglich die spekulativ gehorteten Vorräte aufgelöst wurden. Vorher, im Winter von 1597/8, war die Lage so ernst, daß der Kronrat anordnete, daß die gespeicherten Vorräte aufgelöst werden sollten und eine Inventarisierung beauftragte. In Stratford besaß Shakespeare zehn Viertel oder zweieinhalb Tonnen ...; die Bevölkerung stand kurz vor einem Aufstand und bedrohte die Hamsterer (Park Honan). ...

Im Jahr 1598 wurde auch Ben Jonsons Stück *Everyman Out Of His Humour* gedruckt. ... Es enthält eine doppelte Karikatur Shakespeares als Sogliardo, den neuerdings und unverdient reichen Emporkömmling, der nach der Gewährung eines Wappens strebt, und als Sordido der Weizenspekulant; vielleicht folgt er damit Oxfords Beispiel mit seiner doppelten Selbstkarikatur als Jaques und Touchstone.

Falls Shakespeare jene mächtige Theaterpersönlichkeit war, dann war Jonson unglaublich mutig, wenn er seine

Karriere und sein physisches Wohlbefinden aufs Spiel setzte, indem er seine boshafte Schmährede gegen ihn schrieb. Eindeutig war Shakespeare eine Person, die es wert war, auf die Art behandelt zu werden, wie Jonson es tat, und wahrscheinlich war er nur ein stiller Teilhaber der Schauspielertruppe.

Sordido vertraut auf seinen Bauernkalender, der eine weitere schlechte Ernte voraussagt. Als er die Aufforderung erhält, seine Vorräte freizugeben, unternimmt er sofort Schritte, um ihr wahres Ausmaß zu verheimlichen, und Jonson zeigt genau, wie er das macht, woraus folgt, daß Shakespeare es ebenso gemacht hat, unter Verachtung seiner hungernden Mitbürger. Dann kommt der ordentliche Herbst und Sordido macht sich daran, sich aufzuhängen, wird jedoch unter komischen Begleitumständen von seinen Leuten abgeschnitten und gerettet: in der Handlung des Stückes spielt er keine weitere Rolle.« (Malim 2011)

Wenn man also hieraus schließen kann, daß die berühmte Stelle »a Farmer, that hang'd himselfe« (II, iii, 7f.) eine Anspielung auf William Shaxspere darstellt und auf 1598/99 verweist, so folgt daraus ebenfalls, daß das bereits 1596 aufgeführte Stück noch einige Jahre auf der Bühne gespielt wurde.

25. Februar 1601 Hinrichtung des Earl of Essex.

Kurz nach der Hinrichtung des Grafen von Essex im Jahre 1601 spielt die Königin Virginal, eine Art Cembalo, bei der die Saiten durch Kiele angerissen werden, die beweglich in Springern (jacks) stecken, die ihrerseits von den Tasten aufwärts gedrückt werden. In den Worten Francis Bacons:

»Als Königin Elisabeth Raleigh zu seinem Aufstieg verholfen hatte, spielte sie eines Tages auf dem Virginal. Lord Oxford und ein anderer Edelmann standen in der Nähe. Es traf sich, daß die Leiste vor den Springern (›jacks‹) entfernt worden war, so daß die Springer sichtbar wurden. Lord Oxford und der andere Edelmann lächelten. Die Königin bemerkte es und wollte den Grund wissen. Lord Oxford antwortete: ›When jacks start up, heads go down‹ «.

Das beschreibt nicht nur den Mechanismus des Virginals; der Doppelsinn liegt im Wort »Jack«, das auch »Gemeiner« bedeutet, womit Oxford auf die zumindest in seinen Augen geringe Herkunft von Elisabeths damals aktuellem Günstling Sir Walter Raleigh anspielt: wenn solche Leute emporkommen, rollen Köpfe.

Diese Anekdote wirft ein Licht auf die Rolle, die Oxford in jenen Jahren am Hofe Elisabeths gespielt haben könnte: die eines Hofnarren, der ungestraft heikle politische Witze machen darf.

25. 7. 1603 Krönung James I.

27. 8. 1605 *Tres Sibyllae* von Matthew Gilles zur Begrüßung James I. aufgeführt (Gilvary 370)

5. 11. 1605 Der ›Gunpowder-Plot‹ (s.o. S. 199f.)

Seit 1607 Anspielungen auf *Macbeth* in diversen Stücken (Gilvary 371)

20. April 1610 (oder nach verbreiteter Ansicht 1611; allerdings fallen beide Termine nicht auf einen Sonn-

abend) Simon Forman berichtet in seinem Tagebuch von einer *Macbeth*-Aufführung. Womöglich handelt es sich hierbei um eine Fälschung John Payne Colliers: »Bei *Macbeth* sind dann buchstäblich die Pferde mit Collier durchgegangen, wie zuerst Professor John Q. Adams in seiner Edition des Stückes bemerkt hat. ›Da war zu sehen, wie Macbeth und Bancko, 2 schottische Adelige, durch den Wald ritten; dann standen drei weibliche Geister oder Nymphen vor ihnen...‹ usw. Der Wald! In Shakespeares Stück befinden sich Macbeth und Banquo auf der Heide, nicht im Wald. In den *Holinshed Chronicles* wird aber ein Wald genannt. Prof. Adams hat acht Parallelen zwischen dem Bericht über *Macbeth* und den *Holinshed Chronicles* nachgewiesen, die keinen anderen Schluß zulassen, als daß der sogenannte Forman-Bericht teilweise auf diesen Chroniken und nicht auf Shakespeares Stück beruht. Außerdem sind sie natürlich von ihren Pferden abgestiegen, als sie den bärtigen Hexen (im Bericht: Nymphen) begegnen. Im Bericht wird Banquo während eines Rittes zu Pferde ermordet: ›he contrived the death of Banko and caused him to be Murdred on the way as he Rode‹. John Q. Adams bemerkt, daß in Shakespeares Stücken nie Pferde auf die Bühne kommen. Die Texte enthalten immer einen entsprechenden Hinweis, wie etwa in Teil I von *Heinrich IV* (II.ii): ›Kommt, Nachbar, der Junge soll unsre Pferde den Berg hinunterführen: wir wollen ein Weilchen gehen und uns die Füße vertreten‹. Selbst Richard III., in jener berühmten Szene am Ende des Stückes, kommt und geht zu Fuß ...

Noch in einer anderen Hinsicht ist Collier bei *Macbeth* der Gaul durchgegangen. Keiner der anderen Berichte weist so viele Abweichungen gegenüber Shakespeares Fassung auf. Macbeth ist ›König von Codon‹ statt ›Than von Cawdor‹; er wird von Duncan zum „Fürsten von Northumberland‹ statt zum ›Fürsten von Cumberland‹ erhoben; sie erreichen den ›schottischen Hof‹ statt des Lagers, Lady Macbeth versteckt die Dolche, usw.

Und anders als bei Shakespeare (III.iv) setzt sich der Geist von Banquo nicht einfach in den Sessel, sondern schlüpft koboldartig in dem Augenblick hinein, als Macbeth zum Trinkspruch aufsteht ...

Eine Fassung des Stückes nähert sich auf jeden Fall dem Bericht im Forman-Manuskript an: die aus Colliers gefälschtem Perkins-Folianten.

Über der Regieanweisung im Originaltext: ›Geist kommt und setzt sich auf Macbeths Platz‹ hatte Collier hinzugefügt: ›Macbeth steht auf‹.

Wie erklärt man solche Anomalitäten weg? Die Arden-Ausgabe von *Macbeth* beruft sich für die Datierung des Stückes natürlich zuvörderst auf Forman. Und schreibt: ›...his account of the play was apparently mixed with memories of Holinshed‹. Und in einer Fußnote: ›Although some scholars suspected that the Forman MS. was a Collier forgery, its authenticity was established by Dover Wilson and R.W. Hunt‹.« (Detobel)

Verfasserschaft

Die akute Diskussion um die sogenannte *Co-Authorship* hat bisher noch nicht dazu geführt, daß nun auch *Macbeth* als Werk von William Shakespeare und Thomas Middleton geführt wird. Dabei sind schon seit dem 19. Jahrhundert (AE xxxii) Bestrebungen unternommen worden, Middleton ganze Szenen und Abschnitte zuzuschreiben, insbesondere die Hekate-Szene III, v, hauptsächlich wegen ihrer vermeintlich schwächeren poetischen Qualitäten. Hauptargument der Middletonisten sind die Liedstellen III, v, 40 und IV, i, 47, zu denen sich ganze Lieder in Middletons Stück *The Witch* finden, deren Entstehungs- und Aufführungshistorie jedoch im Dunklen liegt (die Vermutungen bewegen sich im Zeitraum von 1609 bis 1627, AE xxxii). Daß Middleton also von *Macbeth* »beeinflußt« war (AE xxxv), ist demnach eine sehr vorsichtige Aussage. Daß die vermeintlichen Liedzitate mit einem vielsagenden »&c.« abgedruckt werden, läßt zumindest an dieser Stelle den Schluß zu, daß der Text zwischen der Entstehung (ca. 1596-99, s.o.) und dem Druck im Jahre 1623 in irgendeiner Weise redigiert, verändert etc. wurde – nur kann leider niemand belegen, wie und von wem.

Literatur

Shakespeare, William: Die Macbeth Tragödie. Deutsch von Frank-Patrick Steckel. [Gegenüber dem hier abgedruckten vollständigen Text bearbeitete] Bühnenfassung für das Theater Bremen 2009, abgedruckt im Programmheft zur Aufführung

(AE) Muir, Kenneth (Hrsg.): Macbeth. Walton-on-Thames 1997 (1. Ausgabe 1951) (The Arden Shakespeare, Second Series)
Barrell, Charles Wisner: Dr. John Dover Wilson's »New« Macbeth IS a Masterpiece Without a Master. www.sourcetext.com/sourcebook/library/barrell/21-40/37macbeth.htm
Chiljan, Katherine: Shakespeare Suppressed. San Francisco 2011
Detobel, Robert: Eine Chronologie! Eine Chronologie! Mein Pferd für eine Chronologie! *Neues Shake-speare Journal* 2, 81-138 (1998)

Fox, Robin: Shakespeare's Education. Schools, Lawsuits, Theater and the Tudor Miracle. Buchholz i.d.N. 2012

(Gilvary) Gilvary, Kevin (Hrsg.): Dating Shakespeare's Plays: A Critical Review of the Evidence. Tunbridge Wells 2010.

Gilvary, Kevin: Bibles, Histories and Shakespeare. *The De Vere Society Newsletter* 18/2, July 2011

Klier, Walter: Augsteins Hammer, *Neues Shake-speare Journal* 1, 117-131 (1997)

Klier, Walter: Der Fall Shakespeare, Buchholz in der Nordheide 2004

Laugwitz, Uwe: Freud über Shakespeare. In: *Neues Shake-speare Journal* N.F. 1, 2010

(Malim) Malim, Richard: The Earl of Oxford and the Making of »Shakespeare«. Jefferson, North Carolina, London 2012

Malim, Richard: The Farmer That Hanged Himself. *The De Vere Society Newsletter* March 2011

McClarran, Steve: I Come To Bury Shakespeare. Charleston 2012

Moore, Peter R.: Der Abgrund der Zeit. Die Chronologie der Shake-speare-Stücke. *Neues Shake-speare Journal* 4 (1999), 10-59

Moore, Peter R.: The Role of Time in *Macbeth*. In: The Lame Storyteller, Poor and Despised, Buchholz i.d.N. 2009, S. 128-146

(Tieck) Shakspeare's dramatische Werke übersetzt von Aug. Wilh. v. Schlegel und Ludwig Tieck. Zwölfter Band. Berlin 1840.

(Whalen) William Shakespeare: Macbeth. Fully Annotated from an Oxfordian Perspective by Richard F. Whalen. Second Edition, Truro MA 2013

(wikipedia) en.wikipedia.org/wiki/James_VI_and_I

Uwe Laugwitz

Wer das Stück als Drama des Ehrgeizes liest, liest es falsch. Wer es als das Drama der uns allen innewohnenden Grausamkeit und Gier liest, lehnt sich gleichsam im Sessel zurück: Er wurde nicht ihr Opfer – kein Wunder, daß sich die Lesart bei Philologen und Forschern größter Beliebtheit erfreut. Das vorgeblich »menschlich Destruktive«, an ihnen ist es vorbeigegangen, sie haben weder Schlachten geschlagen, noch heimlich gemordet, noch die Macht begehrt (wir wissen, daß sie es hin und wieder sehr wohl taten), der Titelheld leistet in ihren Augen stellvertretend den kinoüblichen Nachweis des »crime doesn't pay«, den sie persönlich zu erbringen nicht mehr für nötig halten oder zu feige sind.

Daß die Gewalt des Lebenshungers, der Wunsch nach Grenzüberschreitung, die Sucht nach dem Unmöglichen, die Geringschätzung eines von der bloß überkommenen Herrschaft geformten und ihr dienlichen Menschenbilds, und die, wenn denn von Gier die Rede sein soll, unbezähmbare Neugier auf eine, wo nötig, grausame Polarexpedition in das, was wir leichthin *Macht* zu nennen gewohnt sind, gerade eine herausragende, furchtlose militärische Größe wie Macbeth anfallen können, ja, müssen, sofern er sich selbst und seine dem Establishment willkommene Todesverachtung kriegerisch ernst nimmt, wird von seinen Exegeten nicht zur Kenntnis genommen. Und schon gar nicht, wie skrupelhaft, reflektiert, wägend, verschwiegen er dabei vorgeht und gleichzeitig doch offenherzig uns, das Theaterpublikum, darüber informiert, wie diese Expedition ihn verändert.

Sie alle wollen das *Nichts* nicht wahrhaben, mit dem Shakespeare seinen Protagonisten schlußendlich, radikal wie in keinem anderen Königsdrama, konfrontiert. Sie halten diese Konfrontation für eine verzweifelte Laune, eine resignierende Gebärde des Scheiterns. Sie leugnen, daß hier etwas Tatsächliches, Unbestreitbares erkannt würde: Unsere Unwissenheit in Bezug auf den Sinn und den Grund unserer Existenz. Sie pferchen den modernen Daseinskonflikt ganzer Kontinente in die Psyche eines einzelnen unterhaltsamen Machtmenschen, unterhaltsam insofern, als sein Schiffbruch theatralisches Programm ist und der Abonnent beruhigt das Theater verlassen darf: Er hat gewisse Fragen nicht gestellt, folglich bleibt er von den desaströsen Antworten verschont. WER VIEL FRAGT WIRD VIEL GEWAHR WAS ICH NICHT WEISS MACHT MICH NICHT HEISS. Die diesbezügliche Unruhe des Titelhelden teilen sie – in wollüstiger Weise – nicht, es genügt, sie im Theater immer einmal wieder zu besichtigen, um ihre die täglichen Besorgungen befördernde Besänftigung zu bewirken.

Es wird nicht gewagt, auszusprechen, was die Quintessenz der Erkenntnis des königlich vermessenen Königsmörders ausmacht: Daß auch und gerade der, der das Äußerste riskiert, einen Lebenssinn verfehlt und damit jede heimelige Vorspiegelung desselben um sich herum zerstört. Das zieht ihm den Haß der Rechtdenkenden zu, denen es schon immer unerträglich war, ihre Geschäftsgrundlage in Frage gestellt zu sehen.

Sie sind in der Mehrheit. Unsere westlichen Sozialitäten haben mit der Vermeidung der grundsätzlichen Fragestellungen zu leben gelernt – einzig die Kirchen führen, gewisse Restbestände metaphysischer Mängelphänomene nutzend, die trostlose Scharade phantasmagorischer Gewißheiten auf. ... *dem Schlimmen auf den Grund zu gehen schlimm* ist jedoch weder die Sache der Kardinäle, noch der Bischöfe, noch der Politiker, noch der Philosophen, noch der Industrie- und Handelskammern. Macbeth aber blickt wie ein Gebannter auf dieses Rätsel. Erfährt denn zumindest der auf dem Gipfel der Macht Angekommene, was es mit ihm und den von ihm Beherrschten auf sich hat? Die Erfahrung lehrt das bitterste Gegenteil: Je höher, desto unwissender, Macht ist vorzüglich Angelegenheit der Pragmatiker, deren Heimsuchung durch die Schlüsselfragen der Gattung auf Null geschaltet worden ist, es gilt den Machterhalt, sonst nichts. Daher die tödliche Lähmung, die von ihnen ausgeht, daher die Feindseligkeit, die dem klugen Aufrührer mit dem Willen zur Macht aus ihren Kreisen entgegenschlägt: Er ist vor allem eine intellektuelle Bedrohung.

Macbeth ist verheiratet, kinderlos, und sieht, wie Stalin, Gespenster. Die Schicksalsschwestern zwar sieht auch Banquo, der einen Sohn hat, aber keine Frau, ihre Prophezeiung ist auch sein persönliches Verhängnis, aber er hat, sagen sie, in seinen Nachkommen Zukunft. Diese Zukunft gleicht der Gegenwart, wie die Gegenwart der Vergangenheit gleicht – sie schließt den Aufrührer und sein Intermezzo aus: *Die Schlange ist geritzt doch nicht erlegt / Der Schnitt geht zu und sie ist was sie war.* Heiner Müller spricht in MOMMSENS BLOCK von der Oktoberrevolution als *Sommergewitter im Schatten der Weltbank* – Leningrad ist wieder St. Petersburg, die Otto-Grothewohl-Straße in Berlin Mitte ist wieder die gefürchtete Wilhelmstraße, es gibt Menschen, die das für einen Fortschritt halten. Aus dem Blickwinkel des Königsmörders jedoch ergibt sich hier eine überwältigende Negativität: Die Verhältnisse sind nicht zu erschüttern: *There Is No Alternative*, das augenblicklich von Davos aus weltweit propagierte TINA-Prinzip. Die unvermeidliche Verzweiflung macht ihn anfällig für die trügerischen Weissagungen der Schicksalsschwestern, trügerisch insofern, als sie seinem Putsch Dauer zu versprechen scheinen. Das wäre hier zu lernen — noch kein Versuch, die Welt zu verändern, konnte bisher unbehelligt vonstatten gehen, ihm ein Ende zu bereiten, daran arbeitete, wer immer weltweit am Status Quo Geld verdiente und immer erfolgreich: Der Einspruch wurde noch stets genötigt, seine eigene Deformation zum Programm zu erklären. Manches wissen wir inzwischen besser — wer WIR SIND DAS VOLK ruft, findet sich dementsprechend traktiert. Noch keine europäische Linke hat bisher die Kraft gefunden, den Verbraucher in das politische Subjekt zurückzuverwandeln, als das die sogenannten demokratischen Verfassungen ihn ausgeben. Und was die Gespenster angeht: Wer sie nicht sieht, sieht fern, ohne zu ahnen, daß er Gespenster sieht. Die bei den Exegeten mit Vorliebe berüchtigte Lady Macbeth ist eine nach aktuellem Verständnis vernünftige Frau, die sich von der Machterlangung nicht zu Unrecht Genüsse verspricht — wer sie als das böse Weib schlechthin verstanden wissen will, betrachte die wiedergewählte Kanzlerin der Bundesrepublik Deutschland.

Das Mörderische an Macbeth hält sich, anders als seine zumeist spießig wirkenden Begutachter wähnen, in Grenzen: Er tötet nicht mehr Menschen als andere Machthaber, macht sich jedoch weit mehr Gedanken dazu als alle uns im Drama begegnenden Usurpatoren (Camus' *Caligula*, als dessen Geistesbruder er gelten darf, einmal ausgenommen)

– was den großartig düsteren Emile Cioran dazu bewog, ihn einen »Stoiker des Verbrechens« zu nennen, einen »Mark Aurel mit einem Dolch«. Er führt sich den Katheter der Macht ein wie der spätere Nobelpreisträger Dr. Forßmann weiland den Herzkatheter, schreibt in Dutzenden von Versen gleichsam das Protokoll eines Selbstversuchs. Um ihn die Welt scheint beschwören zu wollen (und eine Schrift des Elisabeth I. auf dem englischen Thron nachfolgenden Schotten James I. belegt dies), es drehe die Sonne sich auch nach Kopernikus/Kepler um die Erde, der König sei, er mag so schwach sein und untüchtig wie der greise, vergnügungssüchtige Duncan, der gottgesandte Herrscher, folglich ist seine Tötung kein Aufbruch, sondern ein Sakrileg – wir wissen, daß auch rund zweihundert Jahre später das Thema immer noch und ganz besonders umstritten war. *Die Macbeth Tragödie* wirft den Schatten eines im Vordringen begriffenen Epochenumbruchs – wenn der jungfräuliche Prinz Malcolm, mit englischer Hilfe, den Thron erklimmt, sind die Risse an dessen Fundament unübersehbar: *Es ist die Zeit der Könige nicht mehr* (Hölderlin, Der Tod des Empedokles, 1. Fassung). Man kann, also muß man den König töten – möge Gott sich neue, weniger anfechtbare Gesandte suchen.

Welche Staatsform legt das Stück uns aber nahe? Zunächst empfiehlt es das Be-Denken der Macht und ihrer Ausübung angesichts der Ungewißheit unserer Grundexistenz. Die uns diesbezüglich bekannten Formen repräsentieren noch keineswegs das der Gattung Mögliche. Die vordergründig erfolgreiche Treibjagd auf den Usurpator fällt, was die Jäger angeht, unbefriedigend aus: Radikal konservative, englische Galionsfiguren wie der berühmte Alte Siward, Hindenburg vergleichbar, sind ihre imperialistischen Strategen. Auf sie stützt sich, was Schottland befreien will. Nicht der Tod des jugendlichen Sohnes vermag sie aus ihrer erhabenen Langemarck-Starre zu reißen – hier steht eine Struktur vor uns, die an das Schwert glaubt, der neuzeitliche »Bürger in Uniform« bildet ihr womöglich ontologisch auf ewig unzulängliches sozialdemokratisches Surrogat. (Daß Shakespeares Figuren zumeist bewaffnet sind, wird gern übersehen – andererseits sah man schon einen Macbeth, der eine Maschinenpistole trug statt eines Schwerts: Der umstandslose Übergang zur Distanzwaffe übersieht, daß Shakespeares Bewaffnete Nahkämpfer sind, schon ein Bogenschütze ist ihnen verdächtig.)

Unter den Macbeth entgegengestellten Figuren ist es einzig der friedfertige Macduff, dem der offenkundige Sinnmangel gewisse Fesseln anzulegen scheint: *Ich kann nicht haun nach armen Hintersassen/Deren Faust die Pike hält für Geld* – hier meldet sich eine Stimme, die nicht dem allgemeinen Politchor der Rache zugehört, und ihr Träger ist es folgerichtig, der den vereinsamten Lebenshungrigen vom Thron wirft. Es käme darauf an, zu begreifen, daß hier unsere Chancen liegen.

Frank-Patrick Steckel

Steckels Shake-Speare
Editionsplan

The Life of Tymon of Athens/Timon aus Athen

The Tragedie of Macbeth/Die Macbeth Tragödie

A Midsommer Nights Dreame/Ein Mittsommernachtstraum

The Tragedie of Anthony and Cleopatra/Antonius und Cleopatra

The Tragedie of King Richard the second/Die Tragödie von König Richard II.

The Life and Death of King John/Leben und Sterben des Königs John

The Raigne of King Edward the third/Die Regierung des Königs Edward III.

The Tragedie of Cymbeline/Cymbeline

Twelfe Night, Or what you will/Die zwölfte Nacht oder Was ihr wollt

The Tragœdy of Othello, the Moore of Venice/Die Tragödie von Othello, dem Mohren von Venedig

Loues Labour lost/Verlorene Liebesmüh

The Tragedie of Hamlet, Price of Denmarke/Die Tragödie von Hamlet, Prinz von Dänemark